어린이가 진짜로 궁금했던
수학 이야기

초등학생
**수학
궁금증
100**

염지현 지음

수학이 좋아서, 수학이 재미있어서, 수학을 사랑해서 수학을 다양한 콘텐츠로 만들어 널리 알리고 싶은 콘텐츠 크리에이터. 대학에서 수학을 전공하고 과학 전문 언론 '동아사이언스'에서 9년 동안 [수학동아] 기자와 [동아일보] 과학면 등을 담당하는 수학전문 기자로 활동했습니다. 현재는 모두가 행복한 세상을 꿈꾸는 사람들의 진짜 이야기를 전하는 '소셜임팩트뉴스'에서 편집장으로 활약하고 있으며, '재미 한 그릇에 가치 한 꼬집을 더하는' 과학·환경 교육 콘텐츠 기업 OhY LAB.의 공동 대표로도 활동을 이어 가고 있습니다. 지은 책으로는 청소년 수학 교양서 『십 대를 위한 영화 속 수학 인문학 여행』, 『십 대를 위한 사계절 수학 산책 이야기』, 『매쓰 비 위드 유』, 『최소한의 수학지식 세트(전 2권)』, 그림책 『쓰레기 괴물, 너야?』 등이 있고, 환경교육 보드게임 『플라스틱 플래닛』과 『더스트 플래닛』을 기획하고 제작했습니다.

김지하 그림

일상의 소소한 이야기와 상상을 모아 포근한 위로 같은 그림을 그립니다. 잡지를 비롯한 다양한 매체와 협업하고 개인 전시를 하며 창작 활동을 계속하고 있습니다. 지금까지 그린 책으로는 『자꾸만 작아지는 나에게 꼭 필요한 단단한 마음 연습』 『에너지는 왜 중요할까?』 『우리가 교문을 바꿨어요!』 『나는 게임한다 고로 존재한다』 『10대에 작가가 되고 싶은 나, 어떻게 할까?』 등이 있습니다.

어린이가 진짜로 궁금했던 수학 이야기
초등학생 수학 궁금증 100

지은이 염지현 │ 그린이 김지하
펴낸이 정규도 │ 펴낸곳 (주)다락원

초판 1쇄 발행 2025년 7월 28일

편집 김가람 │ 디자인 조성미

다락원

주소 경기도 파주시 문발로 211
내용문의 (02)736-2031 내선 270
구입문의 (02)736-2031 내선 250~252
Fax (02)732-2037
출판등록 1977년 9월 16일 제406-2008-000007호

Copyright © 2025, 염지현

저자 및 출판사의 허락 없이 이 책의 일부 또는 전부를 무단 복제·전재·발췌할 수 없습니다. 구입 후 철회는 회사 내규에 부합하는 경우에 가능하므로 구입문의처에 문의하시기 바랍니다. 분실·파손 등에 따른 소비자 피해에 대해서는 공정거래위원회에서 고시한 소비자 분쟁 해결 기준에 따라 보상 가능합니다. 잘못된 책은 바꿔 드립니다.

ISBN 978-89-277-4823-6 73410

http://www.darakwon.co.kr
다락원 홈페이지를 통해 인터넷 주문을 하시면 자세한 정보와 함께 다양한 혜택을 받으실 수 있습니다.

다락원 유아 어린이 블로그에 놀러 오세요.

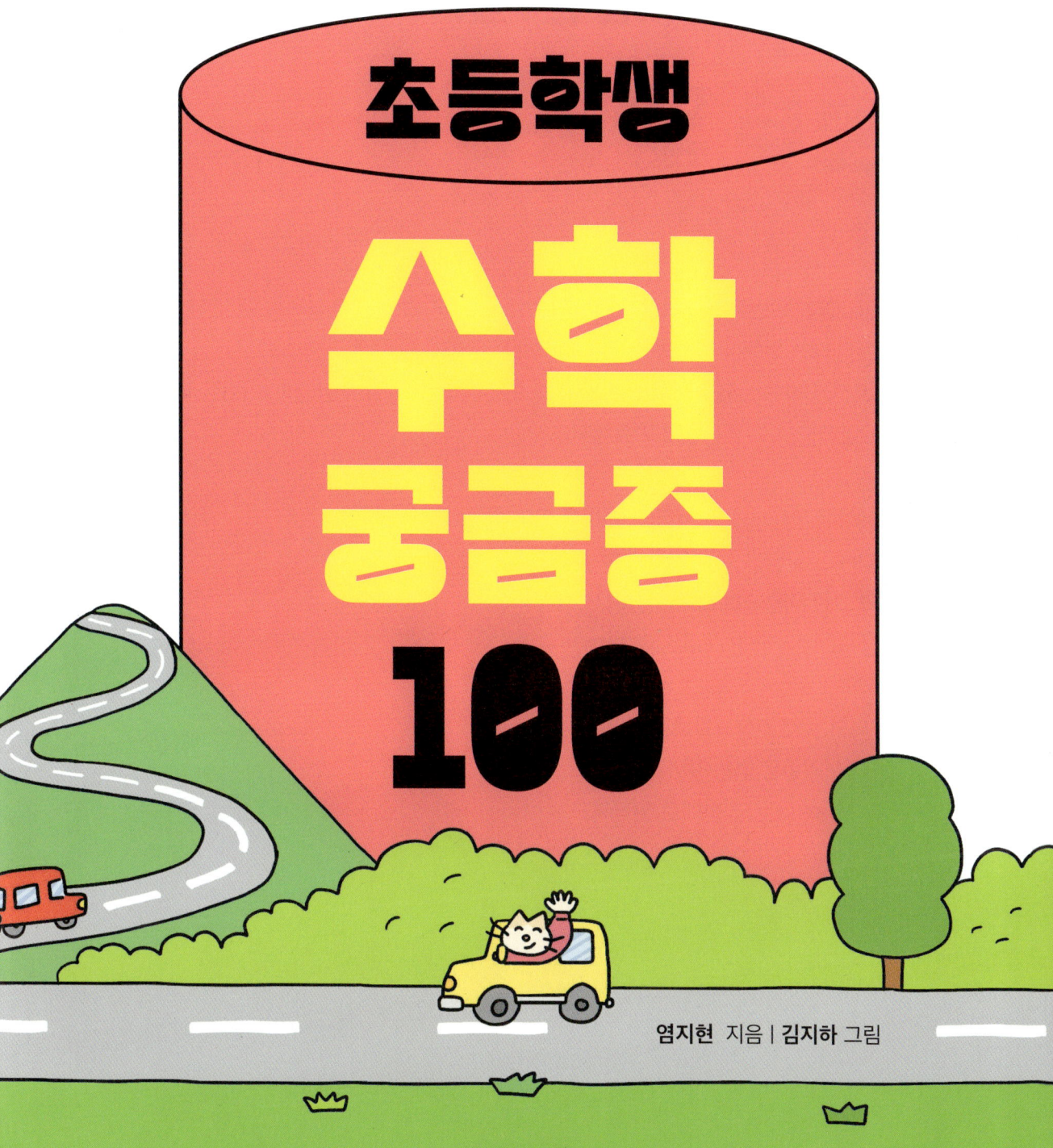

엉뚱하고 반짝이는
생각을 가진 친구들,
모두 모여라!

평소에는 당연하게 느껴졌던 것들이, 어느 날 갑자기 낯설게 느껴질 때 있어.
그럴 때는 엉뚱한 생각이 마구 쏟아지지.
'자전거 바퀴는 왜 동그랗지?' '연필의 단면은 왜 육각형 모양일까?' 같은 질문
으로 머릿속이 물음표로 가득해져!

세상에 모든 사물은 저마다 '특별한 모양'을 하고 있거든.
대체 그 모양은 누가 처음 정한 걸까?
왜 그런 이름으로 불리는 걸까?
궁금한 친구들은 모두 모여 봐!

"라면은 왜 꼬불꼬불해?"
"왜 이각형은 없는 걸까?"
"거울 속 나는 왜 반대로 움직여?"

이런 질문을 한 번이라도 떠올려 본 적 있는 친구라면, 지금부터 아주 재미있는 '생각 여행'을 떠나게 될 거야.
생각이 생각을 부르는, 꼬리에 꼬리를 무는 즐거운 여행 말이야.
이런 엉뚱하고 통통 튀는 질문을 좇다 보면 우리는 해결의 실마리를 '수학'에서 찾을 수 있을 거야.
일상에서 모양이나 숫자에 대한 궁금증이 생길 때,
인공지능처럼 새로운 기술을 접하며 호기심이 커질 때,
이 책을 펼쳐 봐~!

재미난 생각이 떠오를 때마다 100가지 질문을 하나씩 꺼내어 보는 건 어때?
세상엔 당연한 건 없어.
우리의 엉뚱한 질문이 가까운 미래에 세상을 바꿀 중요한 단서가 될지도 몰라.
이렇게 키운 생각하는 힘은 마치 토르의 망치나 아이언맨의 슈트처럼 앞으로 우리가 마주할 다양한 문제를 해결해 줄 든든한 열쇠가 될 거야!

2025년, 염지현

차례

001	숫자	수와 숫자는 어떻게 달라?	12
002	모양	라면은 왜 꼬불꼬불해?	13
003	생활	왜 2000원짜리 지폐는 없을까?	14
004	환경	모래알을 셀 수 있을까?	15
005	생활	무지개는 정말 빨주노초파남보, 일곱 가지 색이야?	16
006	컴퓨터	인공지능 스피커는 어떻게 내 말을 알아들어?	18
007	모양	삼각형은 세모, 사각형은 네모이면, 오각형은 다섯모야?	19
008	환경	동물은 시간을 어떻게 알아?	20
009	생활	음악에도 수학이 숨어 있다고?	21
010	숫자	우리 선생님은 '삼십칠 살'이야, '서른일곱 살'이야?	22
011	모양	눈송이는 정말 육각형 모양일까?	24
012	컴퓨터	키보드는 왜 ㄱ, ㄴ, ㄷ 순서가 아니지?	25
013	생활	전기밥솥, 세탁기, 에어컨도 수학으로 움직인다고?	26
014	모양	안에서 출발했는데 왜 자꾸 밖으로 나오지?	27
015	숫자	이 세상에서 가장 큰 수가 뭐야?	28
016	컴퓨터	추천 동영상 알고리즘, 내 마음을 어떻게 알아?	30
017	모양	보도블록에 왜 무늬가 있어?	31

018 | 생활	90°를 왜 직각이라고 불러?	32
019 | 환경	잠자리는 뒤에도 눈이 달렸다고?	33
020 | 숫자	1, 2, 3, 4, 5는 언제부터 사용했어?	34
021 | 모양	거울 속 나는 왜 반대로 움직여?	36
022 | 생활	종이를 접어서 달나라까지 갈 수 있다고?	37
023 | 컴퓨터	왜 블루투스가 '파란 이'야?	38
024 | 숫자	머리가 큰 가분수는, 이름이 왜 가분수야?	39
025 | 환경	꼬불꼬불한 남해 해안선 길이를 잴 수 있을까?	40
026 | 컴퓨터	초록불이 켜지는 시간은 누가 계산하는 거야?	41
027 | 숫자	시계 속 숫자 3은, 왜 어떨 땐 3시, 어떨 땐 15분이야?	42
028 | 환경	사람도 달에서 살 수 있어?	43
029 | 생활	바이러스는 왜 이렇게 빨리 퍼지는 거야?	44
030 | 컴퓨터	네트워크? 와이파이랑 뭐가 다른 거야?	46
031 | 숫자	0은 짝수야?	47
032 | 모양	자전거 바퀴가 네모여도 굴러갈까?	48
033 | 생활	머리카락 수는 셀 수 있을까? 없을까?	49
034 | 환경	물고기도 덧셈 뺄셈을 할 수 있을까?	50

035 | 컴퓨터	빅데이터는 큰 데이터야?	51
036 | 숫자	긴급 전화 112와 119는 언제부터 쓴 거야?	52
037 | 모양	비행기 날개 모양은 왜 조금씩 달라?	53
038 | 생활	원숭이도 글을 쓸 수 있을까?	54
039 | 환경	왜 기온과 체감 온도는 다를까?	56
040 | 컴퓨터	삑-, 바코드 숫자는 어떻게 결정해?	57
041 | 숫자	왜 8이 옆으로 누워 있는 거야?(∞)	58
042 | 모양	표지판 모양은 왜 다 다른 거야?	59
043 | 생활	샤워기 물줄기는 왜 직선으로 나가?	60
044 | 환경	설악산 '둘레' 길과 수학책 속 '둘레'는 같은 의미야?	61
045 | 컴퓨터	컴퓨터는 영어도 잘하고 국어도 잘하네?	62
046 | 숫자	설날이나 추석은 왜 해마다 날짜가 다를까?	63
047 | 모양	별이 별 모양이 아니라고?	64
048 | 생활	비행기 활주로는 왜 직선일까?	65
049 | 환경	바람의 속도는 어떻게 계산해?	66
050 | 컴퓨터	컴퓨터도 바이러스에 감염된다고?	68
051 | 숫자	X가 '10'을 뜻한다고?	69

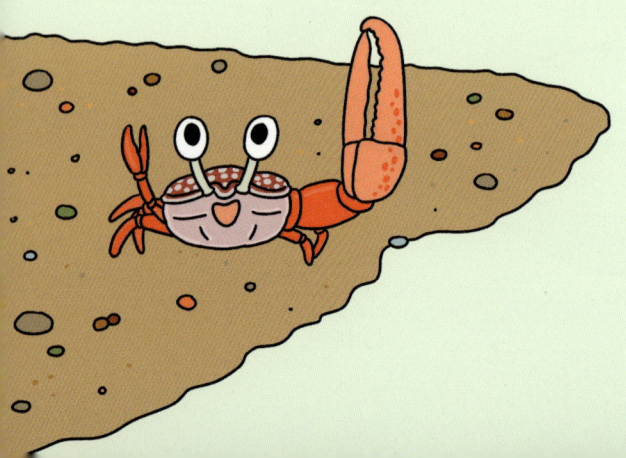

052	모양	농게의 집게발은 왜 양쪽 크기가 다를까?	70
053	생활	물고기 3마리, 포도 1송이, 왜 부르는 말이 다 다르지?	71
054	환경	매년 얼마나 많은 양의 쓰레기가 발생할까?	72
055	컴퓨터	SNS에서 널리 쓰이는 해시태그는 어떤 역할을 하는 거야?	73
056	숫자	123에서 1이 왜 100이야?	74
057	모양	어디가 가로고, 어디가 세로지?	75
058	생활	병원에서도 수학이 필요하다고?	76
059	컴퓨터	비트가 뭐야? 코드가 뭐야?	77
060	환경	우주 비행사가 우주에서 둥둥 떠다니는 이유는?	78
061	컴퓨터	컴퓨터는 그림을 네모로 그린다고?	80
062	숫자	휴대 전화 번호는 왜 11자리일까?	82
063	모양	삼각형 세 각의 합은 왜 항상 180°야?	83
064	생활	음식을 나눠 먹을 때 가장 공평한 방법은?	84
065	환경	욕조에 들어가면 왜 물이 넘치는 거야?	85
066	숫자	누가 하루를 24시간으로 정한거야?	86
067	모양	직선과 곡선은 뭐가 다를까?	87
068	생활	계단의 높이는 어떻게 정할까?	88

069 | 환경	지구의 무게는 얼마나 될까?	89
070 | 컴퓨터	휴대 전화는 어떻게 내 현재 위치를 알아?	90
071 | 숫자	자동차 번호판 숫자는 어떻게 정해질까?	91
072 | 모양	연필의 단면은 왜 육각형일까?	92
073 | 생활	자판기는 100원짜리 동전과 500원짜리 동전을 어떻게 구분해?	93
074 | 환경	남극의 빙하는 매년 얼마나 녹을까?	94
075 | 컴퓨터	QR코드는 어떻게 정보를 담을까?	96
076 | 숫자	엘리베이터는 왜 0층이 아닌 1층부터 시작할까?	97
077 | 생활	우산의 표면은 왜 둥근 걸까?	98
078 | 환경	에코마일리지가 뭐야?	100
079 | 컴퓨터	비밀번호는 정말 안전하게 저장될까?	101
080 | 숫자	물건 가격을 나타낼 때는 왜 숫자에 쉼표를 쓰는 거야?	102
081 | 모양	왜 이각형은 없어?	103
082 | 생활	세상에서 가장 짧은 시간은 몇 초야?	104
083 | 환경	별똥별을 볼 확률은?	105
084 | 컴퓨터	알고리즘이 대체 뭐야?	106
085 | 숫자	행운의 숫자는 누가 정하는 거야?	108

086 | 모양	알약은 왜 모두 동그랗거나 타원형일까?	109
087 | 생활	사람은 몇 가지 색을 볼 수 있어?	110
088 | 환경	비닐봉지 대신 에코백을 쓰면 환경오염을 막을 수 있어?	111
089 | 컴퓨터	사람이랑 컴퓨터가 대결하면 누가 이겨?	112
090 | 숫자	옷 사이즈는 왜 브랜드마다 다 달라?	114
091 | 모양	피라미드는 왜 삼각뿔 모양일까?	115
092 | 생활	봉지 과자에 질소를 넣는 이유는?	116
093 | 환경	모래시계는 어떻게 시간을 정확하게 잴까?	117
094 | 컴퓨터	SNS 게시물이 알고리즘에 타는 방법은?	118
095 | 숫자	돈은 왜 동전과 지폐로 나뉘어 있을까?	119
096 | 모양	만화책은 왜 칸을 나눠 그림을 그릴까?	120
097 | 생활	왜 핫초코는 찬물에 타면 안 돼?	121
098 | 환경	돌고래는 어떻게 초음파로 소통할까?	122
099 | 컴퓨터	인터넷은 데이터를 어떻게 전송할까?	123
100 | 모양	운동장 달리기 트랙은 왜 타원 모양일까?	124

찾아보기　　　　　　　　　　　　　　　　　　　　125

숫자

수와 숫자는 어떻게 달라?

001

우리는 어린 시절부터 자연스럽게 '숫자'를 배워. 하나, 둘, 셋, … 손가락을 접었다 펴면서 말이야. 그런데 학교에서는 숫자와 똑같이 생긴 '수'를 배우기 시작해. 수와 숫자는 어떻게 다를까?

수와 숫자는 같은 말일까? 둘은 비슷해 보이지만 조금 달라. 이해를 돕기 위해서 수는 '한글', 숫자는 '가나다라'라고 생각해 보자.

예를 들어 '나라'라는 단어는 '나'와 '라'라는 글자를 합쳐서 만들 수 있어. 그럼 '바나나'는? '바' 하나와 '나' 두 개로 만들지. 영어도 마찬가지야. 'ABCD' 같은 알파벳으로 글자를 조합하여 언어를 만드는 거야.

수와 숫자는 겉모습이 같지만, 알고 보면 쓰임이 달라!

수와 숫자도 비슷한 원리야. **숫자**는 '**재료**'이고, **수**는 숫자라는 재료로 만들 수 있는 어떤 '**세상**'이거든. 0부터 100, 0부터 1000 등등의 숫자가 모여서 새로운 세상을 만드는 거지.

수의 세상에는 각각 이름이 정해져 있어. 예를 들어 1부터 시작해서 계속 1을 더해 얻을 수 있는 모든 수를 **자연수**라고 불러. 우리가 일상에서 사물의 개수를 셀 때 가장 많이 쓰는 '자연스러운 수'지.

다시 말해서 하나, 둘, 셋은 숫자이고, 이 숫자들이 모여 자연수라는 세상을 이루는 거야.

모양

라면은 왜 꼬불꼬불해?

····002

요즘은 라면 종류도 엄청 다양해. 입맛에 따라 골라 먹는 재미가 있으니, 얼마나 좋은지! 라면은 만드는 회사가 달라도 공통점이 하나 있어. 그건 바로 면발이 꼬불꼬불하다는 거야. 라면은 왜 꼬불꼬불하게 만들까?

라면을 꼬불꼬불하게 만드는 첫 번째 이유는 봉지에 많이 담기 위해서야. 라면 면발 한 가닥 길이는 평균 40cm 정도인데, 익혀서 양손으로 당겨 보면 그 길이가 1.5배 이상 늘어나. 그러니까 라면을 꼬불꼬불하게 만들어야 한 봉지에 최대한 많은 양의 면발을 담을 수 있다는 거지!

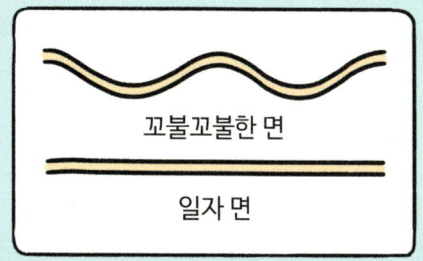

또, 조리 시간을 줄이고 맛을 좋게 하려면 면발이 **곡선**인 게 유리해. 라면은 튀겨서 봉지에 포장하는 경우가 많은데, 이때 꼬불꼬불한 상태에서 면을 튀겨야 면발 사이사이 공간으로 기름이 스며들어서 골고루 튀겨지거든. 이 덕분에 라면을 끓일 때 면발에 열과 수분이 빠르게 퍼지고, 지방이 빠르게 녹아 나와 양념이 더 잘 배어들게 되는 거야.

왜 2000원짜리 지폐는 없을까? ----003

수를 세기 가장 좋은 도구는 바로 손가락이야. 사람들은 옛날부터 열 손가락을 기준으로 1부터 10까지, 10부터 100까지, 100부터 1000까지 세는 수 체계를 사용해 왔어. 열 손가락, 즉 10을 기준으로 하는 수 체계를 '십진법'이라고 불러.

지금 우리가 사용하는 화폐의 단위도 십진법을 따르고 있어. 10원, 100원, 1000원과 같이 10을 기준으로 단위가 바뀌지. 그럼 왜 2000원짜리 지폐는 없을까?

우리나라에서도 올림픽 기념 지폐로 2000원 권을 발행한 적이 있어. 2018년 평창 동계 올림픽을 기념해 앞면에는 스피드스케이팅을 포함한 6개 종목 도안이, 뒷면은 김홍도가 그린 '송하맹호도'라는 호랑이 그림을 넣었어. 한국은행이 발행한 공식 화폐여서 편의점, 마트 등 국내 어디에서나 쓸 수 있지만, 대부분 수집용으로 보관 중이야.

게다가 2000원짜리 지폐는 1000원짜리 두 장과 같이 다른 지폐로 충분히 대체할 수 있어서 평소엔 사용할 일이 거의 없지. 그래서 이제는 한국은행에서도 따로 만들지 않아.

모래알을 셀 수 있을까?

혹시 바닷가 모래사장에서 모래알을 한 알씩 세어 본 사람 있어? 다 몇 개였어? 뭐? 그 많은 걸 어떻게 다 세느냐고?

고대 그리스의 수학자 아르키메데스는 모래사장을 가득 채운 모래알처럼 '아주 큰 수'를 연구했어. 그는 '아주 큰 수'를 모래알에 빗대어 설명했지. 가장 먼저 큰 수를 읽는 방법을 정하고, 새로운 '단위'를 만들었어.

단위란, 어떤 양을 측정하는 일정한 기준을 말해. 예를 들어 시간의 단위는 '초', '분', '시'가 대표적이야. 당시 아르키메데스는 우리가 사용하는 '1억'(=100,000,000)이라는 수를 '미리아드(myriad)'라는 단위를 사용해서 설명했어. 오늘날 '미리아드'라는 영어 단어는 '무수히 많다'라는 뜻으로 쓰여.

물론 아르키메데스도 직접 모래알을 세진 않았어. 손가락 10개, 발가락 10개처럼 익숙한 수를 넘어서, 아주 큰 수의 개념을 설명하려고 모래로 예를 든 거야. 처음에는 숟가락으로 한 큰 술 뜰 수 있는 모래알의 수, 그 다음엔 종이컵 가득 한 컵, 그 다음엔 가로, 세로, 높이가 1m인 커다란 상자를 채우는 모래알 수를 생각했지. 그리고 그 규모를 점점 확대해서 우주를 가득 채울 만큼 큰 수가 세상에 존재한다는 걸 사람들에게 처음 알리게 됐어. 그 수는 8뒤에 0이 63개나 붙어있는, 800000…00000(=8×10^{63})이었다고 해!

8 뒤에 0이 무려 63개나 붙는 수! 상상이 되니?

무지개는 정말 빨주노초파남보, 일곱 가지 색이야?

●----005

무지개를 발견하는 날은 왠지 좋은 일이 생길 것 같아. 무지개는 소나기가 내린 뒤 내리쬐는 해를 등지고 서면 만날 수 있어. 영어로 '레인보우(rainbow)'라고 하는데, 이건 '비(rain)가 내린 뒤에 볼 수 있는 활(bow)'이라는 뜻이야. 그러고 보니 정말 활처럼 생겼지?

무지개의 비밀을 알려 줄게. 무지개는 사실 모두 하얀색이야. 하얀색 빛이 공기 중에 떠 있는 물방울과 만나서 '빨주노초파남보'의 색으로 나뉘는 거야. 그래서 비가 온 뒤 공기 중에 물방울이 많을 수록 무지개가 더 자주 나타나지. 이때 물방울이 **'프리즘'** 역할을 해서 알록달록한 색을 내는 거지. 프리즘이 뭐냐고? 프리즘이란 빛을 여러 각도로 꺾어서, 그 각도에 따라 다양한 색깔로 나눠 주는 도구야.

빛은 **'굴절'** 한다는 특징이 있어. 굴절은 '휘어서 꺾이는 현상'을 말해. 혹시 공놀이할 때, 공을 바닥에 던져 튀겨본 경험이 있어? 바닥을 향해 똑바로 던진 공이, 바닥에 부딪히는 순간 방향이 반대로 바뀌면서 위로 튀어 오르잖아? 그것처럼 빛도 어딘가에 부딪히면 방향을 바꾸게 돼. 특히 빛이 물방울에 부딪혀 꺾일 때, 꺾이는 각도에 따라 빨주노초파남보와 같은 다양한 색으로 반사돼. 이때 우리 눈에 보이는 현상이 바로 무지개인 거야.

영국의 수학자이자 물리학자인 아이작 뉴턴은 햇빛 속의 빛들이 모두 '굴절률'이 다르다는 사실을 밝혔어. 세상에 처음으로 무지개의 일곱 가지 색을 설명한 사람이지.

그런데 과학자들이 빛을 프리즘에 통과시켜 보니 무려 207가지 색으로 나뉜다는 사실을 알아냈어. 하지만 사람의 눈으로 구별하기 어려운 색도 많고, 무지개의 경계가 모호해서 대표적으로 뚜렷한 5~7개 색을 무지개 색이라고 말하는 거야.

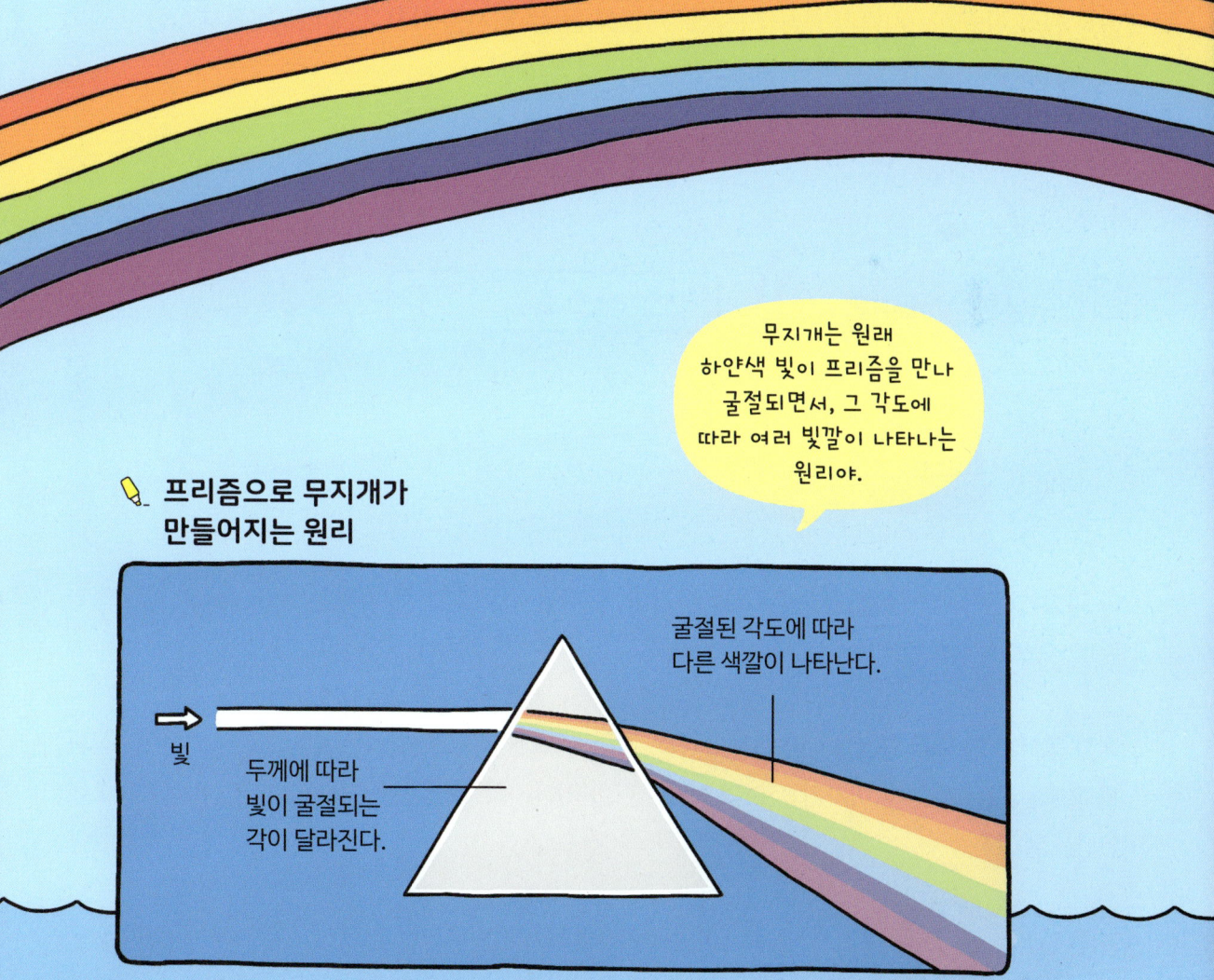

무지개는 원래 하얀색 빛이 프리즘을 만나 굴절되면서, 그 각도에 따라 여러 빛깔이 나타나는 원리야.

✏️ **프리즘으로 무지개가 만들어지는 원리**

빛

두께에 따라 빛이 굴절되는 각이 달라진다.

굴절된 각도에 따라 다른 색깔이 나타난다.

컴퓨터

인공지능 스피커는 어떻게 내 말을 알아들어?

006

요즘은 나이에 상관없이 디지털 기기를 자주 사용해. 스마트 기기를 활용해서 시시때때로 원하는 정보를 얻곤 하지. 이제는 키보드로 문자를 입력하는 방식을 넘어 인공지능(AI) 기술을 이용하여 음성 검색을 하기도 해.

예를 들어 인공지능 스피커의 이름을 부르고, '라면 끓이는 방법을 알려줘!' 또는 '여름에 듣기 좋은 노래를 들려줘!'라고 명령할 수 있게 됐어. 이런 기능은 모두 **음성 인식 기술** 덕분이야.

음성 인식 기술에는 사람의 음성을 문자로 바꾼 다음, 이 문자를 다시 기계어로 바꿔서 사람이 원하는 정보를 우리말로 전달해 주는 프로그램이 필요해.

이 과정에서 **어떤 신호를 문자로 바꿔 주거나, 문자를 다른 언어로 바꾸는** 마법 상자가 필요하거든. 이 마법 상자를 수학에서는 **함수**라고 불러.

예를 들어 어떤 수를 항상 2배로 만들어 주는 마법 상자가 있다고 상상해 보자. 그러면 이 마법 상자를 통과한 모든 수는 들어가기 전보다 2배로 커질 거야. 1이 들어가면 2가 되고, 3이 들어가면 6이 된다는 말이지.

같은 원리로 인공지능 스피커 안에는 마법 상자 역할을 하는 복잡한 수학식 프로그램이 들어 있어. 그 덕분에 인공지능의 언어가 마법 상자를 거쳐 우리말로 바뀌어 전달되는 거지.

모양

삼각형은 세모, 사각형은 네모이면, 오각형은 다섯모야?

007

한 직선 위에 있지 않은 3개를 잇는 선 3개로 만든 도형, 그게 바로 삼각형이야. 모퉁이가 3개라서 세모라고도 부르지. 사각형은 잘 알고 있는 것처럼 모퉁이가 4개니까 네모가 돼! 그럼 오각형은 다섯모, 육각형은 여섯모일까?

자, 정답을 알기 전에 삼각형의 특징에 대해 좀 더 알아보자. 모든 삼각형은 내각(안쪽 각도) 3개를 더하면 180°가 돼.

각도는 두 직선이 만날 때 만들어지고, 단위는 '°(도)'를 사용해. 수학자들은 각도를 표시할 때 각도 안쪽에 곡선을 그려서 표현해. 단, 90°만 특별하게 각도를 표시할 때 안쪽에 정사각형 모양을 그려서 나타내.

삼각형은 각도의 크기와 변의 길이에 따라 이름이 달라. 모든 각도의 크기가 60°로 같고, 세 변의 길이가 같은 삼각형은 **정삼각형**, 두 변의 길이가 같고, 밑각이라고 부르는 두 각도가 같은 삼각형은 **이등변삼각형**이라고 불러. 모든 각도의 크기가 다르고, 세 변의 길이도 다른 삼각형은 **부등변삼각형**이라고 불러. 이 밖에도 삼각형 안쪽 각도의 특징에 따라 직각삼각형, 둔각삼각형, 예각삼각형으로도 나뉘지.

그래서 오각형은 다섯모가 맞냐고? 맞아! 평소에 다섯모나 여섯모라는 단어를 자주 쓰진 않지만, 우리나라 표준국어대사전에도 뜻이 나와 있는 단어야. '모'라는 글자가 모퉁이의 '모'와 같아서 '-각형'과 같은 뜻으로 쓰이지.

> 📌 다섯모 : [명사] 다섯 개의 선분으로 둘러싸인 평면도형.
> 여섯모 : [명사] 여섯 개의 직선으로 둘러싸인 평면(도형). [비슷한 말] 육각, 육모.

동물은 시간을 어떻게 알아? ----008

우리는 시계를 보고 낮인지 밤인지 알지. 학교나 학원에 갈 시간도 시계를 보고 알잖아. 그런데 동물은 시계를 볼 줄 모르는데, 어떻게 시간을 아는 걸까?

곰이나 다람쥐, 개구리 같은 동물은 겨울잠을 자잖아. 추운 겨울에는 먹이를 찾기 쉽지 않으니, 가을을 보내는 동안 열심히 먹어 몸에 지방을 쌓고 겨울에는 깊은 잠을 자는 거야.

사람을 포함한 생명체는 햇빛이나 온도, 습도처럼 우리가 살아가는 환경에 영향을 많이 받아. 그중 '햇빛'에 가장 민감하게 반응한대. 우리 몸속에는 생체 시계가 있는데, 동물들도 마찬가지로 저마다 고유한 **'생체 시계'**가 있대.

겨울잠을 자는 동물의 생체 시계는 하루가 아닌 1년 주기로 작동해서 태양의 움직임을 감지할 수 있어. 눈으로부터 들어오는 빛과 어둠에 관한 정보를 뇌에서 저장하고, 햇빛이 주는 신호를 받아들이는 능력이 있다는 말이야. 태양이 뜨면 잠에서 깨고, 태양이 높이 뜨면 활발한 활동을 하다가 태양이 지면 잠을 자는 기본 시스템이 적용돼 있는 거지.

그래서 사람도 동물도 24시간 혹은 1년을 주기로 먹고, 자고, 깨는 생활을 반복할 수 있는 거야. 이렇게 지구에 사는 생명체는 태양이 뜨고 지면서 반복되는 자연의 시계에 따라, 각자의 생체 리듬 맞춰서 하루하루를 멋지게 살아내는 거야.

생활

음악에도 수학이 숨어 있다고? •---009

악보 읽을 줄 아니? 학교에서 리코더나 오카리나를 배운 적이 있다면, '도레미파솔라시도' 정도는 알고 있을 거야. 악보 시작 부분에는 4/4, 3/4처럼 분수와 닮은 숫자가 쓰여 있지. 이 숫자는 어떻게 읽는 걸까?

바로 **박자표**라고 불러. 악보 한 마디에 몇 박자로 이루어져 있는지, 한 박자의 길이는 얼마나 되는지 알려 주는 기호지.

예를 들어, 악보에 4/4라고 쓰여 있다면 한 마디가 4박자로 되어 있고, 여기서 한 박자의 길이는 4분 음표(1/4)라는 뜻이야. 즉, 한 마디에 4분 음표가 4개 들어간다는 말이지.

악보를 보는 게 익숙해지면, 음표들의 모양이 제각각인 걸 알 수 있어. 어떤 건 까맣고, 어떤 건 하얗고, 꼬리가 있거나 점이 찍힌 것도 있지. 서로 다른 모양이 어우러져 음악을 만들기 때문에 '박자'를 이해하는 게 중요해. 박자는 모두 **분수**로 표현할 수 있어.

온음표를 기준으로, 온음표 박자를 반으로 나누면 '2분음표(1/2)', 온음표 박자를 넷으로 나누면 '4분 음표(1/4)'가 돼. 온음표 박자를 여덟 개로 나누면 '8분 음표(1/8)', 온음표 박자를 16개로 나누면 '16분 음표(1/16)'가 되지.

재미있는 건, 분수 개념을 잘 알면 음표를 이해하는 게 더 쉽다는 거야. 2분 음표 길이를 반으로 나누면 4분 음표 2개로, 4분 음표 길이를 다시 반으로 나누면 8분 음표 2개로, 8분 음표 길이를 다시 반으로 나누면, 16분 음표 2개가 되지. 이렇게 나누는 과정은 분모를 똑같이 만들어 그 크기를 비교하는 **통분** 개념을 활용하면 수학으로도 설명할 수 있지.

숫자

우리 선생님은 '삼십칠 살'이야, '서른일곱 살'이야?

010

2023년 6월 28일부터 한국에서도 사회적으로 '만 나이'를 사용하기로 했어. 물론 일상에서는 여전히 태어난 해를 한 살로 시작해 매년 1월 1일마다 한 살씩 더하는 '세는 나이'를 함께 사용하기도 하지. 그런데 나이를 말할 때, 삼십칠이라고 해야 할까, 서른일곱이라고 해야 할까?

우리말에서는 숫자를 상황에 따라 조금씩 다르게 읽어야 하는 규칙이 있어. 여기서는 4가지로 구분해서 알려줄게.

❶ 기수

물건의 개수나 양을 표현할 때는 '**기수**'를 사용해. 연필이나 지우개, 가방이나 신발과 같은 어떤 물건의 수를 세어서 나타낼 때 한 개, 두 개, 세 개와 같이 말하는 거야. 연필은 '자루', 바나나는 '송이', 신발은 '켤레'와 같이 물건에 따라 다른 단위를 사용하기도 하지.

서아의 필통 속에는 연필이 다섯 자루가 있어.

효원이의 운동화는 두 켤레야.

❷ 순서수

사람이나 물건의 위치를 나타낼 때는 '**순서수**'를 사용해. 첫째, 둘째, 셋째와 같이 표현하는 걸 말하는 거야.

서아가 첫째, 효원이가 둘째야.

서아는 반에서 키가 제일 커서, 맨 오른쪽 첫 번째로 서 있어.

효원이는 첫 번째 발차기 대회에서 우승을 차지했어.

❸ 이름수

운동선수들의 **번호**나 학교에서 사용하는 **출석 번호**는 '**이름수**'를 사용해. 양을 따질 일이 없고, 순서를 표현하거나 사람이나 물건을 대신하기도 해.

오늘은 20번인 내가 급식 도우미로 선생님을 도와 드릴거야.

대한민국 프로야구 SSG 랜더스팀 54번은 외야수 최지훈 선수야.

❹ 측정수

길이나 넓이, 부피, 무게, 시간과 같이 실제로 측정한 값을 나타낼 때에는 '**측정수**'를 사용해. 하나 둘, 또는 첫째나 둘째로 표현할 수 없고 각 상황에 알맞은 '단위'를 사용해서 말해야 해.

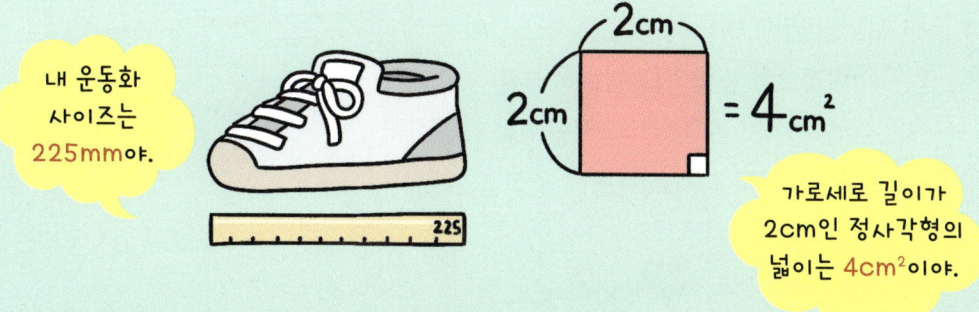

내 운동화 사이즈는 225mm야.

가로세로 길이가 2cm인 정사각형의 넓이는 $4cm^2$이야.

그렇다면 나이는, 어떤 수로 말해야 할까? 숫자를 읽고 쓸 때는 '하나, 둘, 셋'과 같이 순수 우리말로 나타내거나, '일, 이, 삼'과 같이 한자어를 쓰기도 해. 나이를 말할 때 숫자 뒤에 '살'을 붙이면 '서른여섯 살', '서른일곱 살'처럼 순우리말로 표현하고, '세'를 붙일 때는 '36세', '37세'처럼 한자어로 표현하는 게 자연스럽지. '삼십칠 살'보다는 '서른일곱 살'이 자연스럽고, '서른일곱 세'보다는 '삼십칠 세'가 자연스럽다는 말이야.

모양

눈송이는 정말 육각형 모양일까? •---011

하늘에서 펑펑 함박눈이 오는 날, 눈송이를 관찰해 본 적 있어? 운 좋게 손바닥에 눈송이를 올리면 크리스마스 트리의 장식품으로 보던 육각형 모양의 눈송이를 볼 수 있어. 물론 순식간에 녹아버리지만 말이야. 사람들은 언제부터 눈송이를 관찰했을까?

가장 오래된 기록은 기원전 135년으로 거슬러 올라가. 당시 한나라 학자 **한영**이 쓴 《한시외전》에는 "풀과 나무의 꽃은 보통 잎이 다섯 장(오각형)이지만 눈은 항상 육각형이다."라는 문장이 있어. 이때부터 사람들은 눈송이가 육각형이라는 걸 관찰할 수 있었나 봐.

프랑스의 수학자 **르네 데카르트**의 책에도 눈송이 모양에 대한 기록이 남아 있어. 데카르트는 눈 결정을 연구한 최초의 수학자이기도 해. 데카르트는 1637년에 《기상학》이라는 책에서 맨눈으로 관찰한 눈송이 모양을 평평한 판, 각진 기둥 모양, 결정 등 12가지 형태로 분류하고 그림으로 소개하기도 했어.

눈을 맨눈이 아닌 사진으로 기록한 사람은 19세기에 기상학자로 활동한 미국인 **윌슨 벤틀리**야. 벤틀리는 15살의 생일 선물로 받은 현미경으로 눈송이를 관찰하면서 눈과 사랑에 푹 빠졌대. 그러다 1885년, 19살 때 처음으로 현미경에 카메라를 연결해서 만든 기록 장치로 눈송이 사진을 남겼지.

그 뒤로 벤틀리는 45년 동안 5000장이 넘는 사진을 찍었다고 해. 많은 눈송이를 관찰한 벤틀리는 '세상에 똑같은 눈 결정은 없다'는 말을 남겼어. 실제로 그의 기록을 보면 육각형 눈송이도 있고, 팔각형 눈송이도 있었대.

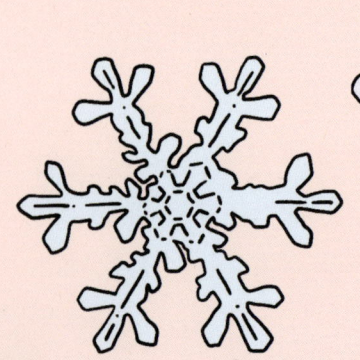

컴퓨터

키보드는 왜 ㄱ, ㄴ, ㄷ 순서가 아니지?

•---- 012

컴퓨터 키보드도, 스마트폰 자판도 신기하게, ㄱ(기억), ㄴ(니은), ㄷ(디귿) 순서가 아닌 ㅂ(비읍), ㅈ(지읒), ㄷ(디귿)으로 시작해. 영어 자판을 살펴봐도 A, B, C 순서가 아닌 Q, W, E, R, T, Y 순으로 돼 있지. 그래서 이런 키보드를 Q-W-E-R-T-Y(쿼티) 자판이라고 불러.

오늘날 우리가 사용하는 키보드가 있기 전, 종이에 글자를 찍기 위해 '타자기'라는 도구를 활용했어. 이 타자기는 자판을 하나씩 눌러서 문장을 완성할 수 있었어. 이때 자주 사용하는 알파벳은 키보드에서 일부러 멀리 배치했대. 문장을 쓸 때 자판끼리 엉키지 않게 하기 위해서였지.

알파벳은 아래 그래프에서 보이듯 주로 e, t, a, o, i, n, …과 같은 순서로 많이 사용해. 이렇게 자료를 정리할 때는 **막대그래프**를 활용하면 자료를 한눈에 보기 쉽게 정리할 수 있어.

우리나라 키보드는 어떨까? 우리나라에서도 한국 전쟁 즈음에 타자기를 쓰기 시작했고, 1982년 두벌식 자판이 국가 표준으로 지정됐어. 이 방식은 자음은 왼쪽, 모음은 오른쪽에 배치된 키보드야.

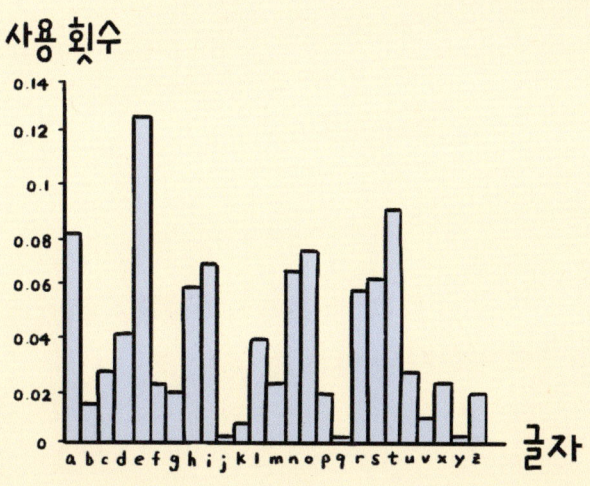

우리나라 두벌식 키보드는 위쪽과 아래쪽엔 사용 빈도가 비교적 적은 자모음을, 중간에는 가장 자주 사용하는 자모음이 배열돼 있어. 그래서 키보드를 오래 사용하다 보면, 중간에 배치된 자판부터 닳는 모습을 볼 수 있지.

생활

전기밥솥, 세탁기, 에어컨도 수학으로 움직인다고?

●---013

예전에는 전기밥솥에 버튼이 딱 두 개뿐이었어. 취사와 보온. 밥을 짓거나 지어진 밥을 따뜻하게 유지하는 기능만 있었지. 그런데 언젠가부터 전기밥솥으로 케이크도 만들고, 죽도 끓일 수 있게 됐어. 밥솥 온도와 압력을 아주 세밀하게 조절할 수 있게 됐기 때문이야.

세탁기는 어떻고? 세탁물의 양이나 옷감에 따라 세탁 시간을 자유롭게 조절할 수 있게 됐어. 에어컨도 마찬가지야. 예전엔 '실내 온도를 25℃로 유지해 줘!'와 같은 구체적인 명령만 인식할 수 있었다면, 이제는 '실내 온도를 시원하게 유지해 줘!'와 같은 모호한 표현도 이해할 수 있게 됐거든. 이 모든 건 수학 덕분에 가능해진 일이야.

과거 '예' 또는 '아니오'만 인식하던 가전제품들은 '온도 측정 센서'나 '무게 측정 센서'를 포함하면서, '시원하게'와 같은 애매한 명령어도 인식할 수 있게 됐어. **퍼지 이론**이라는 개념 덕분이야. 퍼지 이론은 1965년 미국 버클리대학교 자데 교수가 처음 발표한 이론이야. 기존 수학이 '꺼짐'과 '켜짐'을 0과 1로만 표현할 수 있었다면, 자데 교수는 0과 1사이 0.2, 0.5, 0.7과 같은 중간값도 컴퓨터 프로그램으로 설계했어. 그래서 기계가 여러 단계의 명령어를 이해하게 된 거야.

모양

안에서 출발했는데 왜 자꾸 밖으로 나오지?

014

종이 띠를 한 번 꼬아 양 끝을 붙이면 신기한 고리가 완성돼. 안쪽에서 출발해 띠를 따라 한 바퀴 돌면 어느새 바깥으로 나와 있고, 그 자리에서 띠를 따라 다시 한 바퀴를 돌면 출발했던 곳으로 돌아오지. 두 바퀴를 돌아야 제자리로 돌아오는 이 고리의 이름은 '뫼비우스 띠'야.

뫼비우스 띠는 독일의 수학자이자 천문학자인 뫼비우스가 발견한 특별한 도형이야.

휴가를 떠난 뫼비우스는 숙소로 날아드는 파리 때문에 성가셔서 제대로 쉴 수 없었어. 그래서 숙소 한쪽에 양면에 접착제가 묻은 끈끈이를 설치했던 거야. 그런데 끈끈이를 눈물 모양으로 둥그렇게 말아 못에 걸어 두었더니 둥근 부분이 중력 때문에 아래로 늘어지면서, 가운데 부분 끈끈이가 자꾸만 달라붙는 게 아니겠어?

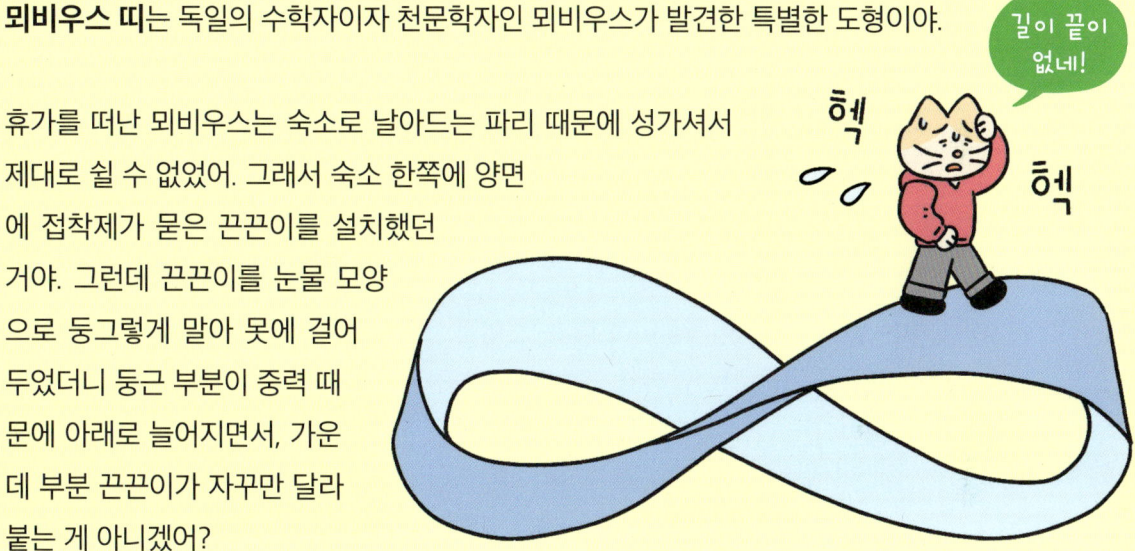

뫼비우스는 특별한 묘책이 필요했어. 그래서 띠의 중간을 한 번 꼬아서 가운데 공간이 서로 닿지 않도록 끈끈이를 만들었어. 끈끈이 사이의 공간이 확보되니 걸어 두기도 편하고 파리를 잡는 데에도 효과적이었지.

뫼비우스는 우연히 발견한 이 띠에서 **면과 모서리가 한 개뿐**이라는 사실을 발견했어. 이 새로운 도형을 다른 수학자들에게도 알렸지. 그리고 이 도형을 자신의 이름을 따라 '뫼비우스 띠'라고 부르기 시작했어.

뫼비우스 띠는 한 점에서 '→' 모양의 화살표를 길게 이어 그리다 보면, 어느새 반대 방향의 화살표인 '←' 모양으로 화살표가 그려지는 걸 발견할 수 있어. 안과 밖의 구분이 없듯이, 왼쪽과 오른쪽의 경계도 없는 특별한 도형이라는 걸 알 수 있지.

숫자

이 세상에서 가장 큰 수가 뭐야? •---015

아는 수 중에 가장 큰 수를 종이에 적어볼까? 혹시 999999999999…, 라고 계속 쓰고 있어? 팔이 아플 수 있으니 줄줄이 쓰는 건 그만! 훨씬 더 간단히 찾을 수 있는 방법을 가르쳐 줄게.

그건 바로 곱셈을 활용하는 거야. 곱셈 중에서도 **거듭제곱**!

'거듭'이라는 말의 뜻을 알고 있어? **거듭**이란, 어떤 일을 되풀이하는 걸 말해. 거듭제곱에서 **제곱**이란, 같은 수를 두 번 곱한다는 뜻이지.

그럼 두 단어를 합쳐서 이야기해 볼까? 문자 그대로 거듭제곱이란, '같은 수를 두 번 곱하는 일을 여러 번 되풀이 한다'는 뜻이야. 2의 거듭제곱은 2×2×2×…×2처럼, 2를 여러 번 곱한다는 말이고, 10의 거듭제곱은 10×10×10×…×10처럼, 10을 여러 번 곱한다는 말이지.

거듭제곱의 특징과 위력을 잘 보여 주는 예로 10의 거듭제곱이 있어. 10을 한 번 곱할 때마다 0의 개수가 하나씩 늘어나니까 아주 큰 수를 간단히 나타낼 수 있어.

예를 들어, 10을 아홉 번 곱한 수는 '1,000,000,000'과 같이 줄줄이 쓰지 않고, 10^9이라고 쓰면 돼. 10과 같이 곱하는 수(밑)는 크게 쓰고, 곱하는 횟수(지수)는 그 옆에 작게 적으면 되거든. 그러니까 10^{99}은 10을 99번 곱한 수를 말해. 엄청 큰 수를 아주 짧고 간단하게 쓸 수 있지.

10의 거듭제곱으로 우리가 상상만 하던 아주 큰 수를 표현해 볼까? 과학자들에 따르면 우주에 있는 별의 수가 10^{24}개 정도로 예상한대.

1 뒤에 0을 100개 쓰면 완성되는 수, 10^{100}은 따로 부르는 이름이 있어. 바로 **구골(googol)**이야. 그래서 10^{100}은 '1구골'이라고 표현할 수 있어. '구골'이라는 단위는 1920년 미국 수학자 에드워드 캐스너의 9살짜리 조카 밀턴 시로타가 직접 지은 이름이래. 캐스너는 이 개념을 자기가 쓴 책《수학과 상상》에 기록하면서 사람들에게 알렸지.

혹시, '구골'이라고 해서 대표적인 인터넷 검색 사이트인 '구글(google)'을 떠올렸니? 빙고! 구글 사이트는 '구골'과 관련이 있어. 구글을 만든 미국의 컴퓨터과학자 래리와 세르게이가, 10^{100}만큼 엄청 많은 정보와 데이터를 모아서 검색 사이트를 만들겠다는 다짐을 담아 이름을 지었거든. 그런데 누군가 구골의 철자를 잘못 쓰면서 '구글'이 되었다고 해.

구골플렉스(googolplex)는 10의 구골 제곱을 말하는데, 이 수는 종이에 적을 수 없을 정도로 엄청 큰 수라고 해. 숫자 뒤에 붙는 0을 쓰는 개수가 우주 전체의 원자 수보다 많다고 하니 놀랍지?

0이 100개? 1000개? 숫자만 봐도 어지럽다~!

추천 동영상 알고리즘, 내 마음을 어떻게 알아?

컴퓨터

----016

친구랑 신나게 수다를 떨고 헤어진 뒤 스마트폰을 들여다봤는데, 조금 전 친구가 보여준 운동화 광고가 추천 영상으로 등장할 때 있지 않아? 스마트폰이 마치 내 이야기를 듣고 있는 것 같아!

스마트폰이 내 취향을 아는 건 모두 알고리즘 덕분이야. **알고리즘**은 컴퓨터가 문제를 해결하거나 결정을 내릴 때 사용하는 수학 공식이나 규칙 같은 거야. 알고리즘은 우리가 이전에 봤던 동영상이나 검색 기록을 바탕으로 나만의 패턴을 찾아 기억해.

평소에 내가 어떤 주제의 영상을 보고, 어떤 게시물에 '좋아요'를 누르는지 등 스마트폰으로 하는 모든 행동을 데이터로 기록하는 거야. 이 데이터를 바탕으로 각 사이트에서 각자가 관심 있어 할 만한 내용을 예측하고, 다음에 보여 줄 영상이나 광고를 선택해 화면에 띄우는 거지.

알고리즘은 우리가 수학에서 배운 **확률**을 빠르게 계산해서 활용해. 예를 들어 축구 영상을 좋아할 확률이 60%, 국가대표 축구 선수가 나오는 영상을 클릭할 확률은 80%라면, 내가 남긴 데이터로 여러 가지 확률을 계산해 가장 높은 확률로 선정된 영상을 추천해 주는 거야. 따라서 사람마다 추천받는 콘텐츠가 모두 달라. 똑같이 '피자'를 좋아한다고 해도 어떤 사람은 불고기 피자를, 어떤 사람은 치즈 피자를 좋아하는 것처럼 말이야.

보도블록에 왜 무늬가 있어?

●---**017**

보도블록 모양을 관찰한 적 있니? 이제부터는 한번 살펴봐. 거리에 보도블록을 설치할 때는 타일끼리 겹치거나 빈 곳이 생기면 안 돼서 타일의 모양이 아주 중요하거든.

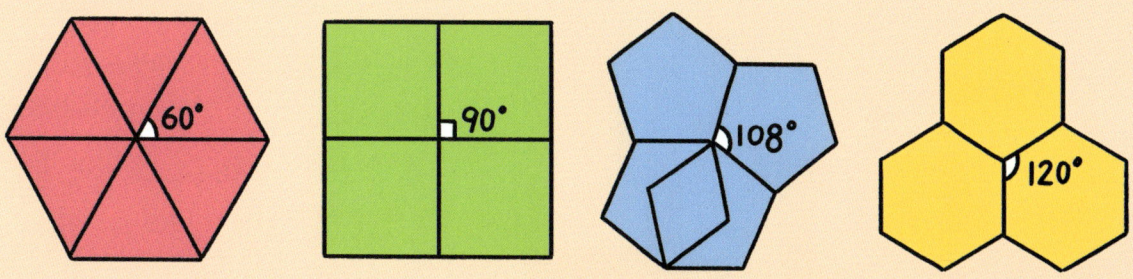

보통 보도블록 타일로는 직사각형, 정사각형과 같이 네모반듯한 모양을 가장 많이 써. 이렇게 도형으로 평면이나 공간을 빈틈없이 채우는 것을 수학에서는 **테셀레이션**, 다른 용어로는 '타일링', 우리말로는 '쪽매맞춤'이라고 불러.

한 점을 기준으로 사방은 **360°**야. 이걸 같은 도형으로 채우려면 도형의 내각이 360°를 나눌 수 있어야 해. 예를 들어 한 내각이 60°인 정삼각형의 경우, 360÷60=6이니까 정삼각형 6개가 모이면 한 점을 둘러싼 360°를 완벽히 채울 수 있다는 말이야. 또 90°인 정사각형은 4개(360÷90)로, 120°인 정육각형은 3개(360÷120)로 평면을 채울 수 있지.

그래서 테셀레이션이 가능한 정다각형은 정삼각형, 정사각형, 정육각형뿐이야. 정오각형이 불가능한 이유는 3개는 모자라고 4개는 넘치기 때문이지. 정오각형 3개를 이어 붙이면 360°에서 36°만큼 모자라고, 4개를 이어붙이면 360°에서 72°만큼 넘쳐 빈틈이 생기거나 겹치는 부분이 생기거든. 그래서 정오각형만으로는 빈 평면을 완전히 채우기 어려워.

수학자들은 계속해서 테셀레이션이 가능한 도형의 종류를 연구하고 있어. 여러 종류의 도형을 조합해서 한 꼭짓점에 모이는 도형 내각의 합을 360°로 만드는 새로운 무늬를 연구하기도 하지. 그래서 보도블록을 관찰하다 보면 다양한 기하학적인 무늬를 발견할 수 있는 거야.

생활

90°를 왜 직각이라고 불러?

018

우리 생활 속에서 가장 흔하게 찾을 수 있는 '각도'는 아마 90°일 거야. 책과 책상 모서리, 창문, 스마트폰에서도 발견되니까 말이야.

곧은 두 직선이 한 점에서 만나 이루는 각도를 **직각**(直角)이라고 불러. 그 크기가 바로 90°인 거야. 직각에서 '직(直)'은 '곧게 뻗었다'는 뜻이야. 곧은 직선 두 개가 만나서 만든 각도라는 의미를 담고 있지.

수학에서 직각을 배울 땐, '느낌적인 느낌'으로만 판단하면 안 되고, 반드시 삼각자나 자를 이용해 확인하는 연습을 해야 해!

직각은 예각과 둔각을 구별하는 기준이 되기도 해. 직각보다 작은 각을 **예각**(銳角)이라고 부르고, 직각보다는 크고 180°보다는 작은 각을 **둔각**(鈍角)이라고 해.

예각에서 '예(銳)'는 예리하다는 뜻이고, 둔각에서 '둔(鈍)'은 둔하고 무디다는 뜻이야. 90°보다 작은 각도는 좀 뾰족하게 예리한 느낌이고, 90°와 180° 사이의 각도는 넉넉하고 둔한 느낌이 들지. 이름에 담긴 뜻을 떠올리면 구별하기 쉬울 거야!

환경

잠자리는 뒤에도 눈이 달렸다고?

019

잠자리 날아다닌다♪ 장다리 꽃에 앉았다♪ 살금살금 바둑이가♪ 잡다가 놓쳐 버렸다♪ 길가에 앉은 잠자리, 동요 가사처럼 살금살금 다가가 잡으려 해도 놓치기 일쑤! 분명히 뒤에서 잠자리에게 들키지 않게 다가갔는데 말이야, 잠자리는 뒤통수에도 눈이 달린 걸까?

딩동댕! 잠자리 눈은 머리 전체를 덮으며 뒤에도 달려 있어. 덕분에 잠자리는 앞과 옆은 물론, 고개를 돌리지 않고도 뒤를 볼 수 있지.

곤충의 눈은 사람의 눈과 완전히 구조가 달라. 사람은 카메라 렌즈와 똑같이 물체의 상이 하나로 맺히는 구조거든. 반면에, 곤충은 큰 두 개의 **겹눈**이 있어. 겹눈은 육각형 모양의 낱눈이 여러 개 모여 하나의 상을 만들어 내는 구조야. 겹눈과 겹눈 사이에는 밝고 어두운 걸 구별하는 **홑눈**도 있어. 그러니 특별할 수밖에.

곤충마다 낱눈의 수는 제각각인데, 그중 잠자리는 낱눈이 꽤 많은 편이야. 크기가 아주 작은 실잠자리도 낱눈이 1만 개가 넘고, 크기가 꽤 큰 왕잠자리는 낱눈이 무려 2만 8000개가 넘는다고 해.

잠자리 겹눈은 공간을 빈틈없이 채우고, 시야를 가장 넓게 확보하기에 좋은 **육각형**을 닮았어.

숫자

1, 2, 3, 4, 5는 언제부터 사용했어?

020

1, 2, 3, 4, 5. 우리는 언제부터 숫자를 사용한 걸까? 오늘날 전 세계에서 가장 널리 알려진 숫자는 0부터 9까지를 나타내는 아라비아 숫자야. 아라비아 숫자를 사용하기로 약속하기까지는 오랜 시간이 필요했어.

기원전, 고대 사람들은 물건 수를 헤아리거나 세금을 낼 때, 소나 양과 같은 가축을 기를 때나 토지의 넓이를 계산할 때마다 숫자가 필요하다고 느꼈어. 그래서 처음에는 1~3cm 크기의 점토 조각에 무늬를 새기거나, 끝이 뾰족한 나뭇가지로 선을 그어 수를 표현했어. 예를 들어 세로로 선을 한 번 그으면 1, 가로로 선을 한 번 그으면 10처럼 말이야.

이후 고대 이집트 사람들은 본격적으로 **상형 문자**를 이용해 숫자를 표현하기 시작했어. 상형 문자란 한자 그대로 사물의 모양을 본떠서 의미를 나타내는 문자를 말해.

기록에 따르면, 기원전 3000년경 이집트에서는 1, 10, 100과 같은 숫자도 상형 문자로 나타냈대.

세로로 한 줄 그으면 1, 말발굽 모양은 10, 밧줄 끝을 구부린 모양은 100, 연꽃이 핀 모양은 1000, 손가락 하나는 1만, 올챙이나 개구리는 10만, 양손을 들고 있는 사람의 모습은 100만 또는 꽤 많다는 뜻이었대. 연못에서 올챙이와 개구리가 바글바글한 모습을 보고 10만 정도로 큰 수를 떠올린 셈이지.

그때는 **숫자 0에 대한 개념**이 지금처럼 명확한 건 아니었어. 오늘날의 0은 때론 자릿수를 나타내기도 하고, 기준점이나 아무것도 없는 상태를 나타내기도 하잖아. 그중에서 101, 1001과 같이 자릿수를 채워야 할 때의 '0'을 상형 문자로 나타낸 기록이 남아있어. 기원전 1세기, 중앙아메리카의 고대 마야 문명에서는 조개 모양을 그려서 숫자 사이의 빈 자리를 나타냈대.

그러다 고대 로마인들은 I, II, III, IV, V와 같은 **로마 숫자**를 생각해 냈고, 시간이 흐르면서 유럽에서 인도의 수 체계를 받아들이면서 우리가 오늘날 사용하는 서구식 아라비아 숫자를 쓰기 시작했어.

거울 속 나는 왜 반대로 움직여? •---021

거울 속 내 모습을 보며 오른손을 들어 봐. 그럼 거울 속 나는 왼손을 들지. 왼손을 들면, 거울 속 나는 오른손을 들어. 그렇다면 거울은 물체의 좌우를 바꾸는 걸까?

자, 이번에는 투명한 플라스틱 비닐에 이름을 쓰고 거울에 비춰 봐. 만약 거울이 좌우를 바꾸는 도구라면, 이름도 좌우가 바뀌어야 해. 그런데 내가 쓴 방향 그대로 글자가 보이지. 왜 그럴까?

왜냐하면 사실 거울은 좌우를 바꾸지 않고, **앞뒤를 바꾸거든**.

믿지 못하겠다면, 이번엔 가방을 들고서 보자. 그런 다음 뒤돌아서서 앞으로 두 발짝 움직여 봐. 그 자리에 가방을 내려놓고 원래 자리로 돌아가서 가방을 봐.

이제 거울 속 가방에 집중해서 움직여 보자. 거울 속에서는 가방이 내 앞쪽에 있는 것처럼 보이지만, 실제로는 내 뒤에 있지. 그래서 거울을 향해 앞으로 걸어가면, 거울 속 가방과는 가까워지지만 실제 가방에서는 더 멀어지는 거야. 이건 앞뒤를 바꾸는 거울의 성질 때문이야.

조금 헷갈린다면 x축, y축, z축을 거울 앞에 그려서 생각해 봐. 거울 면을 향해 x축으로 움직인다면, 거울 속 나는 반대 방향으로 움직이는 걸 수학적으로 설명할 수 있지. 거울 속 모습은 좌우 대칭이 아니라 **거울 면을 기준으로 앞뒤 대칭**이라서 그런 거야. 그래서 거울 속 내가 반대로 움직이는 것처럼 보이는 거지.

종이를 접어서 달나라까지 갈 수 있다고?

022

어떤 종이 한 장이면 잘 접어서 달나라까지 갈 수 있대. 다만, 좀 열심히 접어야 하는데 도전해 볼래?

네모난 색종이를 반으로 접어 본 적 있어? 몇 번까지 접어 본 게 최고 기록이야? 많아야 6~8번이 최선일 거야.

그런데 어떤 종이는 42번만 접으면, 접은 두께가 달나라까지 닿을 정도가 된다고 해. 그리고 이 종이를 11번 더 접으면 태양까지도 닿을 수 있다고 하는데, 정말일까?

보통 사람은 운동장만 한 종이가 아니고서야 8번 이상 종이를 접기도 어려울 거야. 그래서 수학자들이 컴퓨터 프로그램을 이용해서 상상 속 종이를 접어 봤대.

보통 종이 두께가 0.1mm 정도인데, **반으로 접을 때마다 두께는 두 배씩 늘어나.** 2번 접으면 접은 종이 두께는 처음 종이의 4배, 3번 접으면 8배, 7번 접으면 128배! 이쯤 접으면 128쪽짜리 책 두께랑 같아지는 거지. 조금 더 힘을 내서 10번 접으면 1024쪽짜리 책, 30번 접으면 무려 100km나 된대.

그러니까 이 종이를 42번 접으면 달나라까지, 53번 접으면 태양까지도 갈 수 있을 만큼 두꺼워 지는 거야.

미국의 어떤 고등학생은 종이 길이, 너비, 두께를 기준으로 종이를 몇 번 접을 수 있는지 구할 수 있는 공식을 만들기도 했대. 이 친구가 어떤 종이를 12번 접으려고 했더니, 현실에서는 길이가 1200m짜리 종이가 필요했다나 봐. 1200m라는 건 25m 수영장을 24번이나 왕복해야 하는 거리야. 현실에선 불가능한 일이겠지?

컴퓨터

왜 블루투스가 '파란 이'야?

•---**023**

블루투스는 '무선'으로 여러 장치를 서로 연결하는 기술이야. 예를 들어 무선 이어폰과 휴대 전화를 '선' 없이도 연결할 수 있지. 사진이나 음악, 동영상처럼 다양한 데이터도 무선으로 주고받을 수 있어.

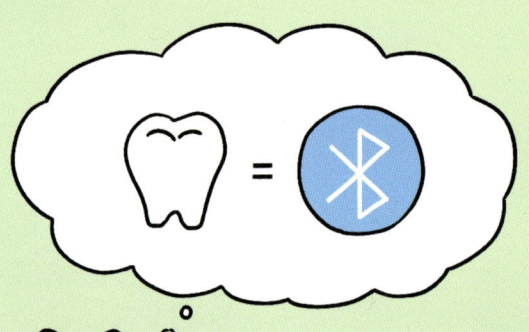

그런데 이름이 왜 '블루투스'일까? 영어로 '블루(blue)'는 '파란색', '투스(tooth)'는 '이, 치아'를 뜻하잖아. 무선 통신 기술과 '파란 이'는 전혀 관련이 없어 보이는데 말이야.

블루투스의 기호를 봐. '이 모양'을 닮은 것 같아. 실제로 기록을 살펴보니 고대 덴마크 시절에 사용하던 '룬 문자'에서 ᚼ와 ᛒ를 합쳐서 만든 기호라고 해. 고개를 옆으로 돌려 보니, 앞니 두 개랑 닮지 않았어?

당시 덴마크에 이름이 '하랄드 블로탄 고름손'이라는 왕이 있었어. 하랄드 왕은 스칸디나비아 반도 곳곳의 부족을 하나로 모아 오늘날의 덴마크라는 나라를 세운 왕이야. 당시에는 왕 이름 앞에 '별명'을 붙여서 부르곤 했어. 아버지도 '루이', 아들도 '루이', 손자도 '루이'처럼 대대손손 이름이 같은 경우가 많았거든. 바로 하랄드 왕의 별명이 '이가 파란' 블루투스 왕이었던 거지. 블루베리를 하도 많이 먹어서 치아가 늘 파란색이었다나 뭐라나.

블루투스 기술을 처음 만든 짐 카다크는 모험 소설 속에서 하랄드 왕의 이야기를 보고, **여러 무선 통신 규격을 하나로 통일하겠다는 뜻**을 담아 정했다고 해. ᚼ와 ᛒ는 영어 알파벳 H와 B를 뜻하는데, 오른쪽 그림처럼 하랄드 블로탄 고름손 이름의 앞 두 글자에서 따온 거야.

```
H(ᚼ) + B(ᛒ) = ᛒ
Harald    Blåtand    Bluetooth
```

숫자

머리가 큰 가분수는, 이름이 왜 가분수야?

024

분수는 모양에 따라 진분수, 가분수, 대분수로 구분해서 불러. '모양'이 다르다는 걸 기억하면 이름을 헷갈리지 않을 거야.

머리보다 몸이 커.

진분수(眞分數)

분자가 분모보다 작은 분수. 1/2, 2/3, 3/4과 같이 전체에 대한 부분을 나타내는 분수를 말해. 그 값은 모두 1보다 작아. '진(眞)'짜 분수라는 뜻이야.

가분수(假分數)

분자가 분모보다 크거나 같은 분수. 4/3, 3/2, 2/1과 같이 전체를 채우고도 남는 상태를 나타내는 분수를 말해. 가분수는 진분수의 반대말이야. 가분수의 '가(假)'가 '가짜' 분수라는 뜻이거든. 가짜 분수라는 뜻이 '분수가 아니다'라는 건 아니야. 진분수의 개념이 아닌, 진분수의 개념과 반대되는 개념이라는 뜻이지. 가분수는 머리=분자가 큰 분수라고 기억하면 좋아.

몸보다 머리가 커.

대분수(帶分數)

1과 1/3, 2와 4/5와 같이 **자연수와 분수를 함께 나타낸 분수**를 '대분수'라고 불러. 대분수에서 '대(帶)'는 '띠'라는 뜻을 품은 한자인데, '허리에 두르는 띠'를 생각하면 기억하기 쉬워. 진분수에 자연수 띠를 두른 모습이라고 기억하면 좋아.

환경

꼬불꼬불한 남해 해안선 길이를 잴 수 있을까?

025

우리나라 지도를 보면 동해 해안선은 매끈하지만, 서해와 남해 해안선은 꼬불꼬불 복잡해. 만약 이 해안선을 최소눈금이 100km인 자로 재보면 어떨까?

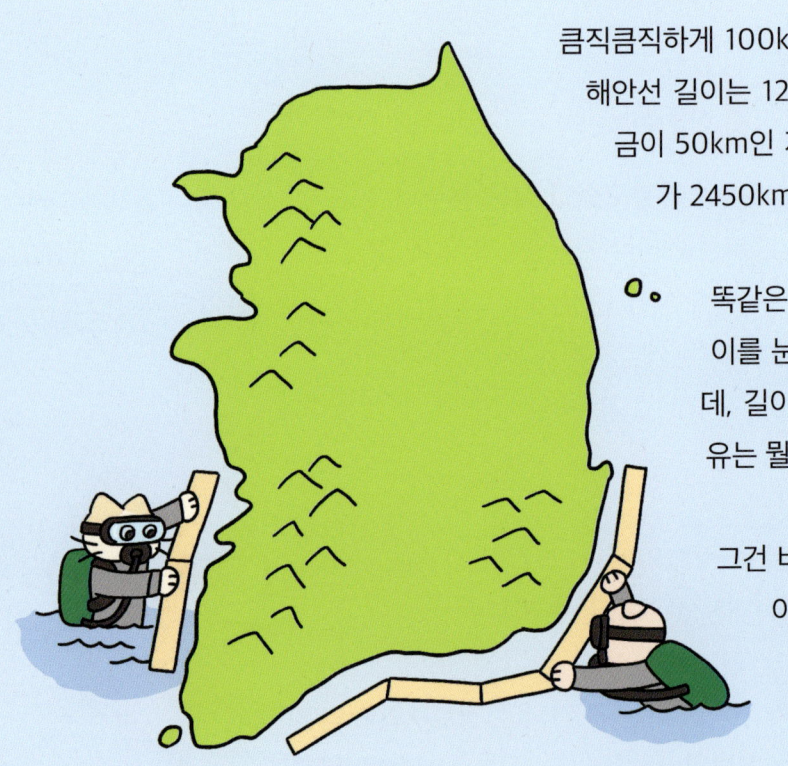

큼직큼직하게 100km씩 길이가 재어질 테니, 이때 해안선 길이는 1200km쯤 될 거야. 그럼 최소눈금이 50km인 자로 재면? 이번엔 해안선 길이가 2450km로 늘어나.

똑같은 지도 위에서 같은 해안선의 길이를 눈금이 서로 다른 자로 쟀을 뿐인데, 길이가 2배 가까이 차이가 나는 이유는 뭘까?

그건 바로 해안선의 특별한 구조 때문이야. 수학자 브누아 만델브로는 1967년 영국의 해안선을 연구하며 처음으로 **프랙탈**이란 개념을 세상에 소개했어. 프랙탈이란 '쪼개진, 부서진'이란 뜻의 라틴어 '프락투스'를 변형해서 만든 단어야. **부분이 전체와 닮은 구조**를 말해. 해안선을 확대해서 보면, 불규칙하게 반복되는 모양이 보이지? 수학자들은 이렇게 불규칙하게 반복되는 현상 속에서 규칙을 찾는 연구를 해.

프랙탈은 번개 모양과 산이 만들어진 모양, 구름 모양, 나뭇가지가 뻗어나가는 모양을 설명할 때도 쓰여. 그래서 우리나라 서해와 남해뿐만 아니라, 영국의 해안선도 정확히 측정하는 건 불가능해. 이런 문제를 '**해안선 역설**'이라고 불러.

초록불이 켜지는 시간은
누가 계산하는 거야?

026

학교에 가려면 횡단보도를 건너야 해. 횡단보도를 건널 때 혹시, 초록불이 빨간불로 바뀔까 봐 조마조마했던 적 있어? 신호등 시간은 누가 결정하는 걸까?

횡단보도의 초록불 시간은 '**횡단보도 길이**'와 '**횡단보도를 걷는 평균 속도**'를 고려해서 결정하는 거야. 하지만 도로마다 사정이 모두 다르니까, 각 골목의 특성에 맞는 시간으로 결정해야지. 서울 도심의 왕복 10차선 도로와 집 근처 초등학교 앞 횡단보도는 조건이 다르니까.

예를 들어 도시에 있는 일반 도로는 한 차선의 너비가 3m 정도야. 만약 왕복 차선이 8개인 도로라면 도로 전체 너비는 24m가 돼. 이때 어른이 평균적으로 1초에 약 1m 정도를 걷는다고 하니, 이 초록불은 최소 24초 이상 켜져 있어야 해. 그런데 초록불이 켜지자마자 출발하지 않을 수도 있으니까, 대부분 예비 시간으로 4초에서 7초 정도 여유를 두곤 해.

초등학교 앞은 어떨까? 보통 어린이들은 1초에 0.6m에서 0.8m 정도를 걸을 수 있어. 그럼 똑같이 너비가 24m인 횡단보도를 건너려면, 속도가 1초에 0.6m를 가는 어린이는 최소 40초, 1초에 0.8m를 가는 어린이는 최소 30초가 필요하지.

이처럼 초록불이 켜지는 시간은 (**횡단보도 너비**)÷(**사람의 평균 걸음 속도**)+(**예비 시간**)이라는 계산을 기준으로 결정해.

시계 속 숫자 3은, 왜 어떨 땐 3시, 어떨 땐 15분이야?

027

시계에는 1부터 12까지의 숫자가 적혀있어. 단 12개의 숫자로 0분(정각)부터 60분(다시 정각), 1시부터 24시까지 다양한 시각을 나타내야 하지. 어떻게 숫자 12개만으로 24시간을 나타낼 수 있는 걸까?

시계는 가운데 한 점을 중심으로 360°를 12등분해서 1부터 12까지 숫자를 차례로 표시한 장치야. 시계 중심에는 서로 다른 길이의 시침, 분침, 초침을 나타내는 바늘을 꽂혀 있어.

시침은 시계를 하루에 두 바퀴를 돌아 24시간을 나타내. 24시간을 12개로 나누었으니까, 두 바퀴를 돌아야 하루가 지나는 거야. 시계에서 시침은 360°를 12시간에 걸쳐 한 바퀴를 돌아. 1시간에 30°씩 돈다는 말이지. 시침이 가리키는 시곗바늘 숫자가 나타내는 시각은 다음과 같아.

시침이 가리키는 시곗바늘 숫자	1	2	3	4	5	6	7	8	9	10	11	12
나타내는 시각(오전)	1	2	3	4	5	6	7	8	9	10	11	12

시침이 가리키는 시곗바늘 숫자	1	2	3	4	5	6	7	8	9	10	11	12
나타내는 시각(오후)	13	14	15	16	17	18	19	20	21	22	23	24

그럼 이번엔 **분침**을 알아볼까? 분침은 360°를 60분에 걸쳐 한 바퀴를 돌아. 1분에 6°씩 돈다는 말이지. (참고로 초침은 360°를 60초에 걸쳐 한 바퀴를 돌아서, 1초에 6°씩 돌아.)

시계에 적힌 12개의 숫자는 30° 간격으로 쓰여 있으므로, 분침이 한 칸을 움직이는 동안 5분(1분에 6°×5=30°)이 지나는 거야. 그래서 분침이 가리키는 시곗바늘 숫자가 나타내는 시각은 다음과 같아.

분침이 가리키는 시곗바늘 숫자	1	2	3	4	5	6	7	8	9	10	11	12
나타내는 시각	5	10	15	20	25	30	35	40	45	50	55	60(0)

사람도 달에서 살 수 있어?

---- 028

달에는 대기가 없어서 지구와는 다르게 온도 변화가 변화무쌍하대. 그래서 달 탐사 요원은 달의 '기온' '기압' '산소농도'와 같은 정보를 잘 알아야 하지. 달에서는 작은 먼지가 갑자기 날아드는 것만으로도 '기온 10℃ 감소' '기압 2hPa 증가' '산소 농도 절반 하락'과 같은 변화로 나타날 수 있거든.

'증가와 감소', '상승과 하락', '이익과 손해'와 같은 표현에 대해 좀 더 알아볼까? 0보다 큰 수는 '**양수**'라고 부르고, 숫자 앞에 양의 부호인 '+'를 붙여서 표현해. 예를 들어 +1, +0.5, +10과 같이 나타내. 한편, 0보다 작은 수는 '**음수**'라고 부르고, 숫자 앞에 음의 부호인 '-'를 붙여서 표현해. 예를 들어 -1, -2, -3과 같이 나타내지.

그럼 0은? **0은 양수도 아니고 음수도 아니야**. 그래서 +나 - 부호를 사용하지 않아. 0은 양수와 음수를 가르는 기준이 돼. 0을 기준으로 오른쪽은 양수, 왼쪽은 음수, 또는 위쪽은 양수, 아래쪽은 음수로 표현하지.

따라서 '기온 10℃ 감소' '기압 2hPa 증가' '산소농도 절반 하락'과 같은 표현에서 '**증가**'는 **양의 부호(+)**를 나타내는 표현이고, '**감소**'나 '**하락**'은 **음의 부호(-)**를 나타내는 표현이므로, '기온 변화 -10℃' '기압 변화 +2hPa' '산소농도(-)'과 같이 나타낼 수 있지.

이처럼 서로 반대가 되는 성질을 갖는 양은 수로 나타낼 때, '양의 표현'과 '음의 표현'으로 구분할 수 있어.

바이러스는 왜 이렇게 빨리 퍼지는 거야?

029

바이러스는 맨눈으로 보이지 않지만, 우리 주변에 아주 많이 있어. 먹는 음식, 우리가 만지는 물건에는 물론, 심지어 우리 몸속에도 여러 종류의 바이러스가 존재하지.

문제는 사람에게 낯선 바이러스가 사람을 '숙주'로 삼을 때 나타나. 여기서 **숙주**란, 우리가 살아가는 생태계에서 '특정 생물'에게 기생(스스로는 살 수 없고, 다른 생명체에 의지해 생활함)당하는 또 다른 생물을 말해. 바이러스는 혼자서 살 수 없고, 번식하려면 반드시 '숙주'를 찾아 기생해야 하거든.

코로나19나 독감 바이러스도 사람 몸속에 들어오면, 숙주가 된 사람을 통해 퍼져 나가.

바이러스는 발도 없는데, 어떻게 빠른 속도로 전염되는 걸까? 이걸 궁금해 하던 수학자와 의사, 과학자들이 모여 바이러스가 퍼지는 과정을 연구했어.

실제로 코로나19 바이러스가 무서운 속도로 번지던 시절, 우리나라에서도 '신종 코로나바이러스 감염증(COVID-19) 유행의 대응과 치료'라는 제목으로 연구가 진행됐어. 연구자들은 먼저 '바이러스 최초 감염자'의 행동을 관찰했어. 증상이 나타나는 동안 몇 명과 접촉하는지, 식사는 몇 명과 함께하는지, 이동할 때 마스크는 쓰는지, 손은 잘 닦는지, 백신 주사는 맞았는지 등을 살펴본 거지.

그랬더니 바이러스의 전파력은 크게 '**전파율**'과 '**접촉률**', '**지속 기간**'에 따라 달라진다는 걸 알게 되었어. 백신 주사를 미리 맞아 바이러스를 예방하려고 했던 사람과 그렇지 않은 사람의 전파율이 다르게 나타났고, 감염된 사람이 마스크를 쓰고 다니는지 아닌지, 감염된 사람과 함께 식사한 사람이 밥을 먹고 손을 씻었는지 아닌지에 따라 접촉률 값이 달라졌어.

이렇게 계산한 결과를 '**감염재생산수**'라고 불러. 이 값은 최초 감염자 1명이 일정 시간 동안 몇 명에게 감염을 시키느냐를 나타내. 예를 들어 감염재생산수가 3이라면, 최초 감염자 1명이 3명을 감염시키는 셈이야. 그래서 감염재생산수가 1보다 큰 전염병은 그 세력이 쉽게 수그러들지 않는다고 보면 돼.

정리해 보면 코로나19 바이러스의 경우, 감염된 사람이 백신 주사도 맞지 않고, 마스크도 쓰지 않으면 전파율이 높아져. 그런데 이 사람이 외부 활동을 많이 허면 접촉률도 늘어나. 여기에 격리기간까지 지키지 않는다면 지속 기간까지 길어지겠지. 그러면 □×△×○라는 **일차방정식**에서, □와 △와 ○가 다 같이 커져서 위 그림처럼 예상치 못한 속도로 바이러스가 퍼질 수 있다는 말이야.

그러니 외출 후에는 손을 잘 씻어야만 해. 바이러스의 전파력을 최소로 줄이기! 그게 바로 수학으로 증명된, 가족과 친구를 지키는 가장 확실한 방법이야!

컴퓨터

네트워크?
와이파이랑 뭐가 다른 거야?

030

만약 무인도에 간다면 뭘 챙겨 갈거야? 난 스마트폰과 와이파이! 이 두 가지만 있다면 무인도도 문제없지. 그런데 정말 무인도에서도 인터넷이 가능할까?

실제로 **와이파이**와 인터넷은 우리 눈에 보이지 않지만 바닷속에 묻혀 있는 해저 케이블 덕분에 가능한 거야. 전 세계 컴퓨터를 연결하는 거대한 네트워크가 바다 깊은 곳에 묻혀 있거든. 놀랍게도 바닷속에 깔린 140만 km(킬로미터) 길이의 케이블로 나라와 나라를 연결하고 있지. 이 케이블을 통해 컴퓨터와 서버, 전화 등 각종 장치가 거미줄처럼 연결돼 있다고 생각하면 돼.

이 **네트워크**는 실제 케이블이야! 그래서 케이블이 끊어지면 인터넷이 끊기기도 해. 케이블 속 신호를 전달하는 광섬유가 망가지지 않도록 케이블은 아주 두껍고 굵게, 튼튼하게 만들어져. 하지만 이 케이블은 생각보다 자주 망가진다고 해. 세계 어느 곳에서든 일주일에 적어도 두 번은 인터넷 연결 장애가 일어난다고 알려져 있어. 케이블이 낡아서 생기는 문제이기도 하고, 어업 활동을 하다가 손상이 되기도 하지.

이밖에도 지진이나 해저 산사태가 발생해 망가지기도 하고, 상어가 케이블을 물거나 향유고래가 케이블로 장난을 쳐서 망가지기도 한대. 케이블이 망가지면 정보는 다른 경로로 돌아서 가지만, 속도가 느려져 사용자 입장에서는 통신 장애가 발생했다고 생각할 수 있지.

0은 짝수야?

031

짝수는 2의 배수를 말해. 어떤 수의 배수는 '그 수에 1배, 2배, 3배를 한 수'를 뜻해. 즉, 2의 배수는 2×1=2, 2×2=4, 2×3=6…과 같은 수를 말해. 잠깐, 그러면 0은 짝수일까?

0은 짝수도 홀수도 아니야. 그런데 학년이 올라가면 수 체계에서 자연수보다 더 큰 범위인 **정수**를 배워. 정수는 **음의 정수**와 **0**, 그리고 **양의 정수**로 나뉘는데 이때 양의 정수는 우리가 잘 알고 있는 **자연수**를 말해.

> 수상한 녀석, 0! 도대체 짝수일까, 아닐까?

정수		
양의 정수 (자연수)	0	음의 정수

정수 범위에서 2의 배수를 생각해 보면 2×0=0, 2×1=2, 2×2=4, 2×3=6, 2×4=8과 같이 0도 2의 배수에 포함되니까 0도 짝수라고 볼 수 있지 않을까?

그런데 0은 0×0=0, 0×1=0, 0×2=0, 0×3=0, 0×4=0이어서, 0은 1의 배수, 2의 배수, 3의 배수, 4의 배수처럼 모두의 배수가 돼. 그러니 이 경우에는 0을 '2의 배수'인 짝수라고 말할 순 있지만, 수의 범위가 자연수를 넘어 정수까지 확대될 때만 가능한 거야.

모양

자전거 바퀴가 네모여도 굴러갈까?

032

바퀴의 시작은 고대 바빌로니아 시대로 거슬러 올라가. 당시 바퀴는 무거운 짐을 쉽게 옮기기 위해 만들어졌어. 그럼 바퀴는 처음부터 원 모양이었을까? 맞아. 원은 바퀴 모양으로 가장 알맞지. 바퀴는 일정한 힘을 주면 쉽게 굴릴 수 있고, 안정적으로 움직일 수 있으니까.

만약에 바퀴가 네모 모양이면 어떨까?
둘레가 같은 네모 모양 바퀴와 둥근 바퀴의 속도를 비교한다면, 평지에선 당연히 둥근 바퀴가 빨라. 네모 바퀴는 휠(자전거 몸체와 연결해 타이어를 두르는 철제)이 회전하지 않고, 타이어를 굴려야 평지를 달릴 수 있기 때문이야. 둥근 바퀴는 탄력을 받아 가속도가 붙지만, 네모 바퀴는 정직한 속도로만 나아가지. 혹시 네모 바퀴가 더 빨리 달리는 경우도 있을까?

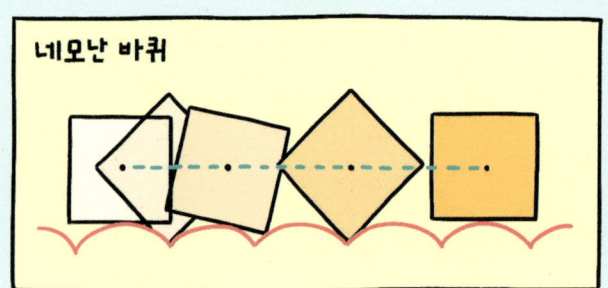

물론이야! 평평한 도로가 아닌 울퉁불퉁한 도로 위를 달리려면, 네모 바퀴가 훨씬 도움이 돼. 정사각형의 두 대각선이 만나는 점을 바퀴의 중심으로 정하고, 바퀴의 중심이 직선으로 연결되도록 길의 굴곡을 맞추면 끝!

생활

머리카락 수는 셀 수 있을까? 없을까?

•---**033**

세상에는 셀 수 있는 것과 셀 수 없는 것이 존재해. 머리카락 수는 헤아리기 어려울 순 있어도 분명 한계가 있으니 '셀 수 있는 것'이지.

수학에서는 **셀 수 있는 것**과 **셀 수 없는 것**을 구분해서 **유한**과 **무한**이라는 개념을 배워. 초등학교에서는 자주 다루지 않지만, 학년이 올라가면서 다룰 수 있는 수 체계가 확장되면 단순히 '많다'는 개념을 뛰어넘어 '무한의 의미'를 배우게 되거든.

머리카락 수는 밤하늘의 별만큼이나 '무수히 많다'고 생각되지만, 셀 수 없는 건 아니야. 머리카락 수는 유한하니까. 밤하늘의 별 역시 언젠간 셀 수 있는 유한한 것이야.

진짜로 셀 수 없는 건 바로 **자연수**! 빈 종이에 1, 2, 3, 4, 5…로 시작해 한 시간을 적어도, 두 시간을 적어도, 열 시간을 적어도 끝이 없는 개념이 바로 '무한'이야.

무한을 나타내는 기호는 8자를 옆으로 돌려서 쓰면 돼. ∞, 이렇게 쓰면 무한을 나타내는 수학 기호야. 이 무한 기호(∞) 역시, '어떤 수'가 아닌 '개념' 그 자체를 의미한다는 사실을 잊지 마!

물고기도 덧셈 뺄셈을 할 수 있을까?

034

아프리카에 사는 어떤 물고기는 포유류처럼 복잡한 두뇌가 없어도 간단한 연산이 가능하다고 해. 지금까지 물고기는 포유류에만 있는 대뇌피질이 없어서 복잡한 사고를 못 한다고 알려져 있었거든. 어떻게 알게 된 걸까?

독일의 베라 슐뤼셀 교수팀은 재미있는 실험을 했어. 물고기가 3개랑 4개를 구별할 수 있는지 실험했거든. 뿐만 아니라 물고기가 1씩 더하거나 빼는 연산 능력이 있는지도 확인했어.

예를 들어 첫 번째 단계에서 파란 도형이 나오면, 다음 단계에서 '도형 개수를 하나 더한 카드'를 고르면 먹이를 주고, 반대로 노란 도형이 나오면, '도형 개수를 하나 줄인 카드'를 찾으면 먹이를 주는 방식이었지.

그 결과, 더하기 실험에서 민물 가오리의 성공률은 94%, 시클리드의 성공률은 78%로 나타났대. 빼기는 둘 다 조금 어려워했지만 말이야.

이 실험으로 물고기 뇌에도 연산 능력을 발휘할 수 있는 부위가 있다는 사실이 밝혀졌어. 인간과 영장류뿐만 아니라 꿀벌, 거미, 물고기도 수를 인지할 수 있다니 세상은 정말 놀라워!

컴퓨터

빅데이터는 큰 데이터야?

035

데이터(Data)란 '정보'를 영어 단어로 표현한 말이야. 요즘엔 데이터를 활용하는 연구와 산업에 투입되는 분야도 아주 다양해졌지. 데이터를 잘 이해하려면 수학의 한 분야인 통계학이 필요해.

데이터를 모을 주제를 정하고, 주제에 맞는 데이터를 모아 묶음으로 만들 때 수학이 꼭 필요해. 표로 그려 데이터를 분류하거나, 잘 분류해 둔 데이터를 그래프로 나타내면 한눈에 정보를 보기 쉽게 만들 수 있어. 학교에서 배우는 꺾은선 그래프나 막대그래프도 이 중 하나지.

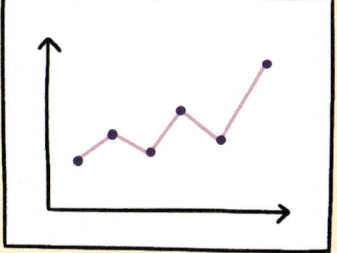

선 그래프는 시간이 흐르면서 데이터가 어떻게 변하는지 관찰할 때 사용하면 좋아. 각 데이터를 점으로 찍고, 이 점들을 직선으로 연결하면 완성돼.

막대그래프는 막대나 기둥 모양으로 데이터를 표현해. 데이터의 양을 비교하고 싶을 때 사용하면 좋아. 데이터가 얼마나 많은지 막대의 높이로 확인할 수 있거든. 가장 긴 막대를 찾으면, 그 막대가 나타내는 데이터가 가장 많다는 뜻이야.

원 그래프는 전체에서 각 데이터가 얼마만큼 차지하는지 확인할 때 사용하면 좋아. 원 하나를 그리고 피자 조각처럼 나누어서, 조각 크기로 각 데이터가 차지하는 양을 나타내면 되거든.

빅데이터는 용량이 엄청나게 큰 데이터를 말해. 예를 들어 서울 시민이 하루에 사용한 휴대 전화 통신기록이라던지, 야구 선수가 한 경기에서 기록한 경기 데이터 모두가 빅데이터가 될 수 있어.

숫자

긴급 전화 112와 119는 언제부터 쓴 거야?

---- 036

응급 상황이 생기면 112나 119로 전화를 걸어야 해. 그런데 이 번호는 언제부터 사용한 걸까?

긴급 전화번호는 나라별로 조금씩 다르게 사용돼. 우리나라에서는 범죄 신고는 112, 재난신고는 119로 정해서 사용하고 있지. **112**는 1957년 7월, 서울과 부산에 비상전화가 설치되면서 처음 사용됐지. 현재 112는 EU(유럽연합)에 가입한 모든 나라가 함께 사용하고 있어. 독일, 러시아, 프랑스, 홍콩 등 많은 나라에서 이 번호를 긴급전화로 사용하고 있지. 1991년에 약속한 거야.

한편, **119** 신고 전화는 1935년부터 사용했고 112와 마찬가지로 다이얼 전화기(원하는 번호에 손가락을 넣어 오른쪽으로 끝까지 돌리는 방식)에서 걸기 편한 숫자로 정한 번호를 지금까지 사용하고 있는 거야.

119는 우리나라와 일본에서 사용하고, 미국이나 캐나다에선 911 번호를 사용해. 대신 영국과 홍콩, 말레이시아에서는 999를 대신 사용하기도 하고, 뉴질랜드와 스리랑카에선 111, 모로코에서는 15, 오스트리아에선 122, 콜롬비아에선 123, 오스트레일리아에선 000을 사용한다고 하니 참 재미있지.

각 나라 별로 같은 번호를 사용하긴 하지만, 어떤 나라에서는 112로 소방대원이 출동(독일)하거나, 119로 경찰이 출동(자메이카, 스리랑카)하는 나라도 있으니 해당 나라에 여행을 갈 때는 정보를 미리 확인해야 해.

재미있는 사실 하나! 112와 119는 모두 연속하는 소수의 합으로 나타낼 수 있다는 사실! 여기서 **소수**란, **1과 자기 자신으로만 나누어지는 자연수**를 말해. 112는 연속하는 두 소수 53과 59의 합이고, 119는 연속하는 다섯 소수 17, 19, 23, 29, 31의 합이야!

모양

비행기 날개 모양은 왜 조금씩 달라?

037

비행기 날개는 비행기 종류에 따라 모양이 달라. 모양에 따라 쓰임새, 속도, 안정성, 비행 효율도 다르지. 어떻게 다른지 살펴볼까?

테이퍼익   전진익

날개가 사다리꼴 모양인 **테이퍼익**은 주로 전투기로 사용하는 비행기 날개로 쓰여.

뒤쪽으로 젖혀져 있는 날개인 **후퇴익**과 앞쪽으로 뻗어 있는 날개인 **전진익**은 평행사변형 모양에 가까워. 이 모양이 가늘고 길어질수록 바람의 저항을 덜 받지.

타원익   델타익

날개 모양이 타원 모양인 **타원익**과 삼각형 모양인 **델타익**도 있어. 타원익은 비행기 몸체를 떠오르게 하는 양력의 효율이 좋긴 하지만, 제작비가 많이 들어 오늘날엔 잘 사용하지 않는 편이야. 델타익은 날개와 몸체가 비교적 넓게 맞닿아 있어 구조적으로 튼튼하고 날개 안에 연료 탱크를 크게 만들 수 있다는 장점이 있어. 하지만 다른 비행기에 비해 부드럽게 착륙하기는 어렵다고 해.

원숭이도 글을 쓸 수 있을까?   •---038

0보다는 크지만 1보다는 작은 수. 그중에서 가장 작은 수를 떠올려 봐. 소수점을 활용하면 자연스럽게 표현할 수 있어. 0.0000000…1처럼 소수점 뒤에 0의 개수를 많이 쓰면 쓸수록 더 작은 수가 되지. 이처럼 0과 1 사이엔 작은 수가 엄청 많이 존재해.

수학자들은 '어떤 사건이 일어날 가능성'에 대해 흥미를 많이 느꼈어. 예를 들어 '서쪽에서 해가 뜨는 일'과 같이 절대 일어날 수 없는 일과, '원숭이가 소설을 쓰는 일'처럼 일어날 가능성이 희박한 일은 전혀 다르니까 말이야.

실제로 '원숭이가 소설을 쓰는 일'이 가능한지 직접 계산해 본 수학자가 있대. 1913년 프랑스의 수학자 **에밀 보렐**은 '수학적으로 설명하면 불가능한 일은 아니지만, 가능성이 너무 희박해서 대단한 우연히 겹칠 때만 일어날 수 있는 일'을 설명해 보려고 했어.

보렐은 원숭이 여러 마리가 셰익스피어의 희곡 《햄릿》을 직접 타자기를 두드려 완성할 수 있는지 생각해 보자고 제안했어. 만약 시간이 무한하고, 원숭이가 무한하면 우연이 겹치고 겹쳐 가능할 수도 있지 않겠냐는 엉뚱한 생각이었던 거지.

실제로 그 뒤로 여러 명의 수학자가 '원숭이가 소설을 쓸 가능성'을 진지하게 계산해 봤어. 2003년 영국 페잉턴 동물원에서 짧은 꼬리 원숭이 6마리를 컴퓨터 키보드 앞에 앉혀 본 거야. 결과가 궁금하다고? 상상한 그대로야. 키보드 위에 오줌을 싸고, 키보드를 돌로 때려서 망가뜨렸지. 그러다 시간이 흘러 2011년에는 컴퓨터 프로그래머 **제시 앤더슨**이 컴퓨터 프로그램으로 가상의 원숭이 100만 마리를 만들어 가능성을 계산했어. 그 결과 가능성은 $10^{-183800}$이라고 하더라.

거듭제곱에 음수가 말이 되냐고? 1보다 작지만 0보다는 큰 수는 10의 **음수 거듭제곱**으로 나타낼 수 있어. 거듭제곱으로 표시하는 음수 기호(마이너스)는 10을 곱하는 게 아니라 그 수만큼 0.1 또는 10분의 1을 곱하면 돼.

다시 말해 원숭이가 소설을 쓸 가능성은 0.00000… 1에서 소수점 뒤 0이 무려 18만 3799개 나온 다음에 1이 나오는 아주 아주 작은 수와 같다는 말이지. **분명히 0보다는 크지만 거의 0에 가까운 수. 즉, 일어날 가능성이 거의 없는 그런 일**이야.

거의 0에 가까운 확률이라도 언젠간 성공할지도 몰라!

환경

왜 기온과 체감 온도는 다를까? •----039

한파주의보가 내려진 날, 일기예보에서 기온을 확인했더니 영하 13℃였어. 그런데 체감 온도는 영하 20℃까지 떨어진다지 뭐야? 기온과 체감 온도는 어떻게 다른 걸까?

기온은 '대기의 온도'를 나타내는 말이야. 여기서 **대기**란, 지구 주변을 둘러싸고 있는 공기를 말하는 거야. 그러니까, 기온이란 공기의 온도인 셈이지. 기온은 바람, 햇빛, 지형 등 여러 조건에 따라 달라질 수 있어. 우리나라는 섭씨(℃)라는 단위를 써서 나타내.

한편, **체감 온도**란 '우리 몸이 느끼는 온도'라는 뜻이야. 우리는 같은 기온이라도 바람과 습도에 따라 다르게 느껴. 예를 들어 기온이 20℃라고 해도 바람이 강하게 부는 날이면, 우리는 훨씬 더 춥게 느끼고 반대로 습도가 높은 날이면 더 덥게 느끼거든. 왜 그럴까?

같은 기온이라도, 바람이 불면 우리 몸에서 열이 더 빨리 사라지기 때문이야. 우리 몸은 따뜻한 공기를 피부 주변에 머물게 해서 체온을 유지하려고 해. 그런데 바람이 세면 따뜻한 공기가 날아가고 차가운 공기가 피부에 닿으면서 더 춥게 느껴져.

또 같은 기온이라도, 습도가 높으면 땀이 증발하기 어려워. 그래서 더 덥게 느껴지는 거야.

삐-, 바코드 숫자는 어떻게 결정해?

040

마트나 편의점에서 물건을 살 때 바코드를 본 경험이 있을 거야. 판매대에서 직원이 바코드를 찍으면 삐- 삐- 소리가 나지. 바코드는 어떻게 정해지는 걸까?

바코드란 막대(바) 모양으로 생긴 부호(코드)라는 뜻이야. 우리나라를 포함해 대부분의 나라에서는 13자리의 바코드를 사용하고 있어.

바코드는 흰색 바탕에 굵기가 서로 다른 검은색 막대로 이뤄져 있어. 막대마다 0부터 9까지의 수로 표기되는데, 막대의 굵기와 배열로 숫자를 구별해.

13자리 바코드 숫자 중 맨 앞 세 자리는 물건을 만든 국가 번호야. 그 다음 네 자리는 물건을 만든 회사 번호, 그 다음 다섯 자리는 물건의 고유 번호야. 그리고 맨 마지막 한 자리는 나머지 12자리 정보가 제대로 입력됐는지 확인하는 '검증 수'로 불러.

우리나라 국가번호는 880이고, A 회사의 회사 번호는 9480, 제품 고유 번호는 91068일 때 마지막 검증 수를 직접 계산해 볼 수 있어. 먼저 지금까지 알고 있는 바코드 정보를 순서대로 나열하면 다음과 같아.

| 8 | 8 | 0 | 9 | 4 | 8 | 0 | 9 | 1 | 0 | 6 | 8 | ? |

이때 홀수 번째 자리의 숫자들(노란색)은 그대로 더하고, 짝수 번째 자리의 숫자들(파란색)은 다 더한 다음 3배를 해 보자. 먼저 노란색 숫자들 합은 8+0+4+0+1+6=19이고, (파란색 숫자들 합)×3은 (8+9+8+9+0+8)×3=42×3=126이야. 그런 다음 두 값을 더하고, 여기에 얼마(보라색 마지막 칸)를 더해야 10의 배수가 되는지 알아보면 마지막 칸 숫자를 구할 수 있어. 따라서 19+126=145이고, 여기에 5를 더해야 10의 배수가 되므로 보라색 마지막 칸은 5가 되는 거야.

숫자

왜 8이 옆으로 누워 있는 거야? (∞)

●---- 041

무한을 나타내는 기호는 8자를 옆으로 돌린 모양이야. ∞, 이렇게 쓰면 돼. 이 무한 기호(∞)는 '어떤 수'가 아닌, '끝이 없고 계속된다는 개념' 자체를 의미해. 영국 수학자 존 월리스가 1655년에 처음 사용하면서 알려졌어. 수학자들은 왜 끝없이 무한하다는 의미를 전달하려고 8자를 눕힌 모양으로 표현했을까?

무한 기호는 라틴어로 '렘니스케이트(lemniscate)'라고도 불리는데, 이 단어는 리본을 뜻하는 단어인 라틴어 '렘니스쿠스(lemniscus)'에서 유래된 말이야. 그러고 보니 무한 기호가 리본이 묶인 모양과 많이 닮았지. 리본 모양을 따라 손으로 곡선을 그리다 보면 그 모양이 계속 끝없이 연결된다는 걸 알 수 있어. 무한의 개념을 나타내기에 딱 맞는 기호인 셈이지.

무한 기호는 수학에서 '극한'을 배울 때 아주 중요한 역할을 해. **극한**이란 **어떤 수에 계속 가까워지긴 하지만, 결코 그 수에는 도달하지는 않는 개념**을 말해. 덕분에 우리는 철학자들이 설명하는 무한의 개념과 수학에서 다루는 무한을 구별할 수 있게 됐지.

모양

표지판 모양은 왜 다 다른거야? •---042

우리는 길에서 다양한 모양의 교통 표지판을 만날 수 있어. 그런데 표지판 모양을 관찰하니 어떤 건 원 모양이고, 어떤 건 삼각형이나 사각형, 팔각형 모양을 하고 있어. 표지판 모양은 어떤 의미를 담고 있을까?

원 모양 표지판은 우리가 지켜야 할 행동을 알려줘. 예를 들어 직진이나 유턴, 출입 금지 등을 나타내. 파란색 원 안에 흰색 화살표가 그려져 있으면 '이 방향으로 가라'는 의미이고, 빨간색 원 안에 '진입 금지'라고 쓰여 있으면 '이 길로는 갈 수 없음'을 나타내. 속도 제한을 안내하는 표지판도 대부분 원 모양이야.

삼각형 모양 표지판은 우리가 주의해야 할 것을 알려줘. 예를 들어, 어린이 보호 구역이나 횡단보도 근처에서 볼 수 있어. 주로 안쪽은 노란색으로, 테두리는 빨간색으로 칠해져 있어. '조심하라'는 뜻을 강조해. 야생 동물이 나타날 수 있으니 속도를 줄이라는 의미를 담기도 하고, 공사 중이니 운전을 조심하라는 뜻을 담기도 하지.

사각형 모양 표지판은 주로 정보나 방향을 안내해 줘. 파란 사각형 안에 하얀 글씨로 나타내고, 일방 통행이나 주차 구역, 휴게소 위치를 안내하기도 해. 운전자가 알아 두면 좋을 만한 정보를 안내하는 역할을 하지.

팔각형 모양 표지판, 때론 **육각형 모양 표지판**은 '정지' 신호로 많이 쓰여. 주로 빨간색 도형 안에 하얀색 글씨로 '정지'라고 써서 '멈춤'을 지시하는 거야.

이처럼 교통 표지판은 모양마다 의미가 달라서, 운전자나 보행자가 어떤 행동을 해야 하는지 한눈에 알 수 있어.

생활

샤워기 물줄기는 왜 직선으로 나가?

043

하루를 시작하거나 마칠 때 꼭 하는 샤워. 그런데 샤워기는 틀 때마다 신기해. 긴 호스가 연결된 것도 아닌데, 물줄기가 곧게 직선으로 뻗어 나가잖아. 그것도 여러 개 구멍에서 동시에 말이야. 왜 직선으로 나가는 걸까?

샤워기는 물탱크나 수도관에 연결돼 있어서, 물을 틀면 샤워기 안쪽에 물이 차올라. 이 물이 나갈 구멍을 찾게 되는데, 보통 샤워기 머리 부분에 있는 작은 구멍으로 뿜어져 나와. 이때 샤워기에서는 연이어 흐르는 물 덕분에 압력이 생기고, 그 압력 때문에 직선으로 나가는 힘을 얻게 되지. 샤워기 구멍이 작으면 작을수록 압력이 높아져서 더 강한 물줄기를 볼 수 있어. 게다가 샤워기 구멍은 일정하게 배열돼 있어서 물줄기가 여러 방향으로 퍼지거나 뒤섞이지 않고 앞으로 곧게 나가는 거야. 이걸 **직선 운동**이라고 불러.

환경

설악산 '둘레' 길과 수학책 속 '둘레'는 같은 의미야?

044

며칠 전 삼촌이랑 집 근처 둘레 길에 다녀왔어. 우리 동네에는 작은 산이 있어서, 그 주변으로 산책 코스가 잘 발달돼 있거든. 그런데 둘레 길의 '둘레'는 수학책에서 배우는 '둘레'와 같은 의미일까?

자연 속 특정 지역이나 명소의 가장자리를 따라 걷는 길을 '둘레 길'이라고 불러. 예를 들어 설악산 둘레 길은 설악산 주변의 산길을 따라 걷는 길을 말하지.

그럼 수학에서 '둘레'는 어때? 수학에서는 **도형의 가장자리를 따라 측정하는 길이**를 '**둘레**'라고 불러. 예를 들어 원의 둘레는 원을 따라 한 바퀴 도는 길이를 뜻하지.

이처럼 둘레 길과 둘레는 '주변을 따르는 길 위에 있다'는 공통점이 있지만, 생활 속에서는 아주 다르게 쓰여. 둘레 길은 '주변을 따라 돌아가는 길'이라는 의미이고, '길이'는 걷는 사람이나 시간, 속도에 따라 언제든지 달라질 수 있어. 하지만 수학에서 '둘레'는 도형의 고유한 특징을 나타내는 값이야. 누가 재든, 언제 재든 늘 같은 값으로 정확하게 측정되지. 수학에서 둘레를 구할 땐 '정확한 값'이 중요하지만, 둘레 길을 걸을 땐 '얼마나 걸었는지'는 중요하지 않아.

컴퓨터는 영어도 잘하고 국어도 잘하네?

045

요즘은 컴퓨터나 스마트폰으로 실시간으로 외국어를 통역할 수 있고, 부족한 영어 실력을 기를 수도 있어. 그럼 컴퓨터는 어떻게 영어랑 한국말 둘 다 잘하는 걸까?

컴퓨터는 문자나 단어를 직접 이해할 수 없어. 컴퓨터의 모든 명령어는 숫자로 돼 있거든. 그래서 우리가 컴퓨터에 단어를 입력할 때는, 그 단어를 숫자로 바꿔서 가르쳐 줘. 예를 들어 '가지'라는 단어는 1, '나무'라는 단어는 2로 입력하는 거야. 컴퓨터는 '가지', '나무'라는 글자 대신 1과 2로 기억하는 거지. 이 과정을 '**벡터화**'라고 불러.

컴퓨터가 단어를 잘 배웠다면, 문장도 이해할 줄 알아야 겠지? 그래야 실시간으로 통역이나 번역도 할 수 있어. 이럴 땐 '**확률**'이 꼭 필요해. 예를 들어 컴퓨터가 '나는 오늘 저녁에 가지 나물을 먹었다'라는 문장을 들었을 때, '가지'는 '입다'라는 동사보다 '먹다'라는 동사랑 만나 쓰일 확률이 높다고 생각하거든. 이렇게 컴퓨터는 단어와 단어 사이의 거리를 계산하고, 어떤 단어가 자주 만나 문장을 이루는지 확률을 계산하면서 언어를 학습하는 거야. 이걸 **컴퓨터 언어 모델**이라고 불러.

사실 컴퓨터가 이런 수학적인 방법을 사용해 언어를 배우려면 엄청나게 많은 단어와 문장을 공부해야 해. 하지만 요즘엔 인공지능(AI) 기술이 발달해서 단어나 문장을 사람이 하나씩 입력하지 않아도, 컴퓨터가 스스로 학습할 수 있게 됐어. **빅데이터**를 통해 언어의 패턴을 익히고, 단어들 사이의 관계와 확률을 계산하는 거지. 이 방식을 따르면 컴퓨터는 한국어뿐만 아니라 영어, 일본어, 중국어, 프랑스어도 모두 배울 수 있어.

숫자

설날이나 추석은 왜 해마다 날짜가 다를까?

046

어린이날은 5월 5일, 광복절은 8월 15일, 크리스마스는 12월 25일. 이렇게 해마다 같은 날을 기념하는 기념일도 많은데, 설 연휴나 추석 연휴는 해마다 날짜가 달라져. 왜 그럴까? 어린이날이나 광복절은 양력을 따르고, 설과 추석은 음력을 따르기 때문이지. 양력과 음력의 차이를 알려 줄게.

양력은 태양의 움직임을 기준으로 한 달력을 말해. 태양이 지구를 한 바퀴 도는 시간, 즉 1년 365일을 기준으로 해. 그래서 양력을 따르는 기념일은 해마다 같은 날짜에 반복돼.

음력은 달의 움직임을 기준으로 만든 달력이야. 달이 지구를 한 바퀴 도는 시간이 약 29.5일이라서, 음력으로는 한 달이 29일 또는 30일이고 1년은 354일뿐이야. 그래서 음력은 항상 양력보다 11일씩 부족해.

만약 음력이 양력보다 계속 11일씩 부족하면 어떤 일이 발생할까? 예를 들어 2024년 설날은 양력을 기준으로 2월 10일이었거든, 그런데 2025년 설날은 그보다 12일 앞선 1월 29일이 돼. 이렇게 점점 11일씩 당겨지다 보면, 설 연휴가 12월이나 11월에 찾아오지 않겠어? 그래서 음력에는 3년에 한 번씩 **윤달**이라는 걸 넣어서 부족한 일수를 맞춰. 열흘씩 3년이나 빨라지면 30일이 빨라지는 거라서 한 달을 추가하는 거야.

양력에는 윤달이 없냐고? 양력에는 윤달 대신 **윤년**이 있어. 4년에 한 번씩 2월 29일이 생기는 해가 윤년이야. 사실 태양이 지구를 한 바퀴 도는 데 걸리는 시간이 딱 365일이 아니라, 365.24일이거든. 그래서 실제로 지구의 위치가 1년에 6시간 정도씩 차이가 나게 되는데, 1년에 6시간씩, 4년이 빨라지면 24시간, 즉 하루가 필요해서 4년에 한 번 2월 29일을 만드는 거야. 가장 최근 윤년이 2024년이었고, 다음 윤년은 2028년이야.

모양

별이 별 모양이 아니라고?

●---- **047**

별을 그려 보라고 하면, 대부분은 끝이 뾰족한 오각형(☆)을 떠올릴 거야. 그런데 진짜 하늘에 있는 별은 뾰족한 별 모양이 아니래. 오히려 둥근 공 모양(○)을 닮았다고 해. 그런데 왜 사람들은 별 모양을 뾰족하게 그리게 된 걸까?

사람의 눈으로 별을 보면 별빛이 사방으로 퍼져서 보여. 이 현상 때문에, 사람들은 별을 뾰족한 모양으로 그리기 시작한 거야.

실제로 밤하늘에 떠 있는 별은 엄청 큰 가스 덩어리인 구 모양이야. 스스로 빛을 내지만, 아주 멀리 있어서, 사람의 눈으로 볼 때는 작은 점처럼 보이지. 이처럼 별은 원래 둥근 공 모양이지만, 우리 눈에는 별빛이 뾰족하게 빛나는 모양으로 보여서 우리가 아는 별 모양이 탄생한 거야. 그리고 이 모양은 아주 오랫동안 별을 상징하는 도형으로 자리매김하게 됐어.

이 뾰족한 별 모양은 중세 유럽에서부터 본격적으로 왕족이나 군대의 상징으로 쓰이기 시작했어. 그때부터 오늘날까지 별 모양은 예술과 문화, 종교 영역을 넘나들며 활약하고 있지!

생활

비행기 활주로는 왜 직선일까? •----048

비행기는 이륙하기 전, 일정한 거리를 일정한 속도 이상으로 빠르게 달려야 하늘로 무사히 떠오를 수 있어. 이렇게 비행기가 이륙하기 전 땅에서 달리는 도로를 '활주로'라고 부르는데, 이 활주로는 곧게 뻗은 긴 직선으로 돼 있지. 그런데 왜 비행기 활주로는 곡선이 아닌 직선으로 돼 있는 걸까?

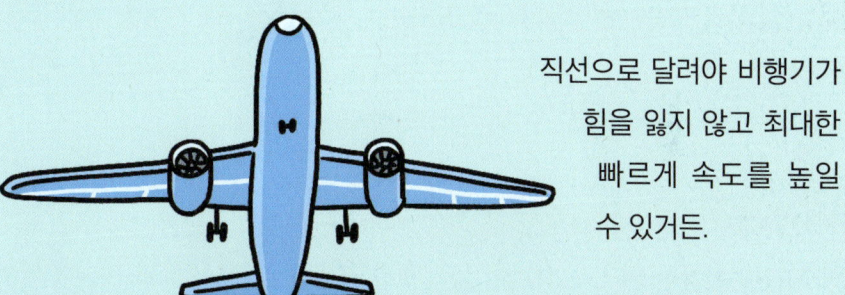

만약 비행기 활주로가 곡선으로 돼 있다면, 비행기가 이륙하기 전 높은 속도로 달리는 동안 방향을 계속 바꿔야 하므로 엄청 위험해.

직선으로 달려야 비행기가 힘을 잃지 않고 최대한 빠르게 속도를 높일 수 있거든.

비행기는 이륙할 때뿐만 아니라 착륙할 때도 굉장히 빠른 속도로 움직여. 비행기 속도를 빠르게 제어하고 안전한 이착륙하기 위해서는 활주로는 **직선**이어야 해.

세상에서 가장 긴 활주로는 티베트에 있는 창두 방다 공항에 있어. 길이가 약 5.5km나 돼. 이 공항은 고도가 아주 높은 곳에 위치해 있어 비행기가 충분한 속도로 착륙할 수 있게 활주로를 길게 만들었다고 해.

반면, 세상에서 가장 짧은 활주로는 카브리해 사바 섬에 있는 후안초 E. 이라우스퀸 공항에 있어. 길이는 약 400m 정도야. 활주로 양쪽이 절벽과 바다로 둘러싸여 있어 크기가 작은 비행기만 이착륙할 수 있다고 해.

바람의 속도는 어떻게 계산해? •----049

봄에는 살랑살랑 산들바람이 불고, 가을엔 솔잎 사이로 솔바람이 불지. 높은 산에 오르면 산 정상에 부는 시원한 솔개 바람이 뺨을 스치고, 겨울엔 뺨을 에는 듯한 칼바람이 불어. 이처럼 바람은 계절과 지형, 부는 방향과 온도에 따라 다양한 이름으로 불려.

바람은 우리 일상생활 속에 아주 가까이에 있어. 날씨와 기후를 결정짓는 중요한 요소이기도 하지. 기상학자들은 복잡한 수학 방정식과 컴퓨터 프로그램을 사용해서 바람의 속도나 방향을 예측하고, 이를 활용해 날씨를 예측하거나 대기의 상태를 분석해.

기상청에서는 바람의 속도를 측정하기 위해 전통적인 회전식 풍속계(바람의 속도를 측정하는 기계)나 레이저를 활용한 현대식 디지털 풍속계를 사용해. **회전식 풍속계**는 작은 컵이 달린 막대가 있어. 바람이 불면 컵이 회전하고, 컵 회전수를 측정해 바람 속도를 계산하는 거야.
디지털 풍속계는 바람 속도가 빠르면 초음파가 더 빨리 전달되고, 바람의 세기에 따라 초음파나 빛의 전달 속도가 달라지는 원리를 이용해. 레이저나 광센서를 활용하는 방식도 비슷해. 공기 중에 빛을 쏘고 바람 속도에 따라 이 빛의 상태가 어떻게 달라지는지 관찰해 바람 속도를 예측하는 방법이야.

태풍, 폭풍, 강풍의 경로를 정확히 예측할 수 있다면 재난으로 인한 피해도 줄일 수 있겠지?

실제로 우리나라 기상청은 바람의 세기에 따라 강풍 주의보나 강풍 경보를 발령해. 이때 바람의 세기는 **초속(m/s)** 단위로 표현되고, 1초에 바람이 5m를 이동하면 이 바람의 풍속은 초속 5m/s라고 말할 수 있어.

바람의 세기를 예측할 수 있는 '**보퍼트 풍력계**'라는 기준이 있어. 다음 표를 보며 바람의 세기를 상상해 봐. 바람을 숫자로 표현해서 바람이 얼마나 센지 나타낼 수 있어. 숫자가 클수록 바람이 더 세다는 뜻이야.

보퍼트 풍력계

보퍼트 계급	풍속(m/s)	바람 이름	체감 정도
0	0.0~0.2	고요	나뭇잎이 전혀 움직이지 않음.
1	0.3~1.5	실바람	나뭇잎이 살짝 흔들림.
2	1.6~3.3	남실바람	나뭇잎과 작은 가지가 흔들림.
3	3.4~5.4	산들바람	나뭇가지가 움직이고 깃발이 펄럭임.
4	5.5~7.9	건들바람	작은 가지가 흔들리고 먼지가 날림.
5	8.0~10.7	흔들바람	큰 가지가 흔들리고 우산 사용이 어려움.
6	10.8~13.8	된바람	큰 나무가 흔들리고 걷기 어려움.
7	13.9~17.1	센바람	나무가 휘청이고 매우 힘들게 걸을 수 있음.
8	17.2~20.7	큰바람	작은 가지가 부러지고, 건물이 약간 손상됨.
9	20.8~24.4	큰센바람	건물이 손상되며, 걷기가 매우 어려움.
10	24.5~28.4	노대바람	나무가 뿌리째 뽑히고, 심각한 피해가 발생함.
11	28.5~32.6	왕바람	큰 구조물에 심각한 손상이 발생함.
12	32.7 이상	싹쓸바람	광범위한 파괴를 동반함.

컴퓨터

컴퓨터도 바이러스에 감염된다고?

● ---- **050**

사람이 감기 바이러스에 감염되면 몸이 아프잖아? 컴퓨터도 마찬가지야. 바이러스에 감염되면, 갑자기 컴퓨터 작동이 느려지고 이상한 화면을 띄우곤 해. 그리고 그 바이러스가 다른 컴퓨터로 퍼질 수도 있지. 그럼 컴퓨터는 어떻게 바이러스에 감염될까?

컴퓨터 바이러스는 주로 인터넷으로 파일을 내려 받거나 잘 모르는 웹사이트를 클릭할 때, 의심스러운 프로그램을 실행하면서 컴퓨터로 침투해. 컴퓨터 바이러스는 컴퓨터를 망치도록 사람이 일부러 만든 악성 프로그램인데, 컴퓨터 속으로 들어가 여러 파일과 여러 프로그램을 망치며 컴퓨터를 사용할 수 없게 만들어.

💡 **잠깐!** 컴퓨터에서 발생하는 오류를 버그(bug)라고 부르는 거 알아?

1940년대에 컴퓨터가 망가져서 수리를 하려고 컴퓨터 본체를 열어 보니 실제로 나방(벌레)이 들어있었대. 그 뒤로 사람들이 컴퓨터가 작동하지 않거나 오류가 생기면 그걸 '버그(벌레)'라고 부르기 시작했대. 그래서 오늘날 이야기하는 컴퓨터 '버그'는 실제 벌레가 아닌 잘못된 프로그램이나 오류를 말하는 거야.

숫자

X가 '10'을 뜻한다고?

051

교과서에서 영국 런던에 아주 유명한 빅벤 시계탑 사진을 봤는데, 빅벤 시계는 숫자가 모두 알파벳으로 써 있었어. 최근에는 시각이 숫자로 표기되는 디지털 시계를 주로 사용하지만, 옛날에 만들어진 시계는 알파벳으로 표기되어 있더라고. 왜 알파벳으로 숫자를 쓴 걸까?

고대 로마 시대 때는 숫자를 표현할 수 있는 기호가 부족했대. 우리가 사용하는 1, 2, 3, … 과 같은 아라비아 숫자는 5세기경부터 체계가 잡히기 시작한 거야. 그래서 고대 로마 사람들은 숫자를 기록하고 계산에 필요한 수 체계를 자기들만의 방식으로 알파벳을 사용해서 만들었어.

로마 숫자는 알파벳 7개가 기준이 돼. 알파벳은 다음과 같은 숫자를 의미해.

- I=1 ● V=5 ● X=10 ● L=10 ● C=100 ● D=500 ● M=1000

로마 숫자는 이 알파벳을 조합해서 사용했어. 예를 들어 2는 I를 2개 붙여서 II로 나타내고, 8은 V 1개와 I 3개를 붙여서 VIII으로 나타냈어. 때로는 큰 숫자에서 작은 숫자를 빼는 방식으로 나타내기도 했어. 예를 들어 4는 IIII로 쓸 수도 있지만, IV로 쓰고 5(V)에서 I(1)을 뺀다는 의미로 나타내기도 해.

이처럼 로마 숫자는 역사가 오래된 체계로 오늘날에도 시계나 책 속에서 대단원을 구분해야 할 때, 올림픽이나 영화와 관련된 숫자를 표기할 때 종종 사용하곤 해. 알파벳으로 숫자를 쓰는 방식은 오래된 방법이지만, 여전히 우리 일상 속에서 활용하는 중요한 숫자 체계야.

모양

농게의 집게발은 왜 양쪽 크기가 다를까?

•---- 052

바닷가 근처에서 옆으로 걷고 있는 게를 본 적 있어? 게는 집게발을 사용해 자신을 보호한대. 적이 다가오면 집게발로 위협하거나, 실제로 적을 공격하기도 하지.

대부분의 게는 양쪽 집게발 크기가 거의 비슷해. 그런데 농게는 한쪽 집게는 크고 강하게 생겼고, 다른 한쪽 집게는 비교도 안 될 만큼 작고 귀엽게 생겼어. 농게의 집게발은 왜 양쪽 크기가 다를까?

농게의 집게발은 큰 집게와 작은 집게의 역할이 구별돼 있기 때문이야. 큰 집게는 상대방에게 자신의 강함을 보여줄 때 들어 올려 주로 적과 싸울 때나 짝을 찾을 때 사용하지. 반면, 작은 집게는 먹이를 작은 조각으로 나누거나 입으로 가져가 먹을 때 사용해. 사람의 손 역할과 비슷하다고 생각하면 돼. 이렇게 농게는 양 집게로 각각 다른 일을 하기 위해 두 집게 모양이 **비대칭**으로 발달한 거야.

다른 게는 양쪽 집게가 **대칭**인 경우가 많아. 이렇게 양쪽 집게가 크기나 모양이 비슷한 경우엔, 집게발 둘 다 먹이를 잡거나 방어할 때 사용하기 때문이야. 그래서 게의 집게발 모양이나 크기를 관찰하면 그 게의 환경과 특성을 하는지 추측해 볼 수 있어. 양 집게발이 대칭인 게들은 양쪽 집게의 역할이 같아서 효율적으로 사용할 수 있고, 비대칭인 게는 한쪽 집게가 맡은 역할을 더 잘할 수 있도록 발달한 거야.

물고기 3마리, 포도 1송이, 왜 부르는 말이 다 다르지?

053

시장이나 마트에 가면 다양한 품목의 물건을 팔아. 그런데 왜 물고기는 한 마리, 두 마리로 구분해 팔고, 포도는 한 송이, 두 송이로 다르게 부르며 팔고 있는 걸까?

우리는 물건의 특징에 따라 그 물건의 수량을 나타낼 때 다른 **단위**를 사용해. 예를 들어 사람은 모두 이름이 있다는 의미로 '**명(名)**'을 단위로 사용해서 1명, 2명과 같이 나타내. 그래서 몇 명이냐고 물을 때도 사람을 존중하는 의미가 담겨 있어.

물고기와 같은 생명체, 동물은 '**마리**'라는 단위를 사용하고 있어. 예전에는 주로 작은 동물을 셀 때 사용했었는데 요즘은 크기로 구분하지 않고 대부분 한 마리, 두 마리로 헤아려.

한편, 생명체가 없는 물건이나 사물은 '**개**'라는 단위를 사용해. 예를 들어 사과 1개, 바나나 2개와 같이 사용하지. 그런데 사물 중에서도 크기나 모양, 길이나 무게에 따라 '개'가 아닌 다른 단위를 사용하기도 해.

예를 들어, 연필 1자루, 종이 1장, 책 1권, 배 1척, 꽃 1송이와 같이 사물의 성격에 따라 다양한 단위를 사용하곤 하지. 특히 포도는 포도알 여러 개가 모여 하나의 송이를 이루고 있어서 꽃과 같이 '송이'라는 단어를 써.

수학에서도 길이를 잴 때는 센티미터(cm), 미터(m), 킬로미터(km)와 같은 단위를 사용하고, 무게를 잴 때는 그램(g), 킬로그램(kg)과 같은 단위를 사용하지.
이처럼 단위는 동물이나 사람, 사물의 양을 정확하게 표현하는 데 꼭 필요한 개념이야.

71

환경

매년 얼마나 많은 양의 쓰레기가 발생할까?

054

쓰레기 1000kg, 다시 말해 쓰레기 1톤의 부피는 얼마나 될까? 가로 1m, 세로 1m, 높이 1m 상자를 가득 채울 정도의 양이야. 그런데 2023년을 기준으로 전세계에서 1년에 발생하는 쓰레기 양이 무려 20억 톤을 넘었다고 해. 상상하기도 힘든 정말 큰 수지. 이렇게 많은 쓰레기는 모두 어떻게 처리되는 걸까?

일반 쓰레기는 대부분 땅에 묻거나 태워서 처리해. 분리수거 과정을 통해 버려지는 쓰레기 중 종이 쓰레기는 약 45%만 재활용되고 있대. 예를 들어 1000kg의 종이 쓰레기가 발생하면, 그중 450kg만 재활용할 수 있다는 이야기야.

요즘에는 코팅 처리를 해서 사용하는 종이도 많고, 신문지, 종이컵, 골판지, 광고지 등 종이의 종류가 다양해져 재활용이 더 어렵대. 그래서 수학자들은 가장 효율적인 쓰레기 처리 방법을 찾고, 최대한 쓰레기 재활용률을 높이는 방법을 함께 찾고 있어. 쓰레기의 이동 경로를 추적하는 프로그램을 개발하거나 종류별 쓰레기가 환경오염에 미치는 영향 등을 분석할 때도 수학이 쓰이지.

이처럼 수학은 지구를 지키는 데에도 큰 도움이 된다고!

컴퓨터

SNS에서 널리 쓰이는 해시태그는 어떤 역할을 하는 거야?

055

해시태그(#)는 소셜미디어(이하 SNS)에서 '#' 기호와 함께 어떤 단어를 사용해 같은 주제의 게시물을 쉽게 찾을 수 있게 도와주는 역할을 해. 예를 들어서 이 게시물에 #초등수학 #중등수학 #수학궁금증과 같은 해시태그를 달아두면, 나 말고 불특정 다수의 사람이 같은 주제로 올린 글을 쉽게 검색할 수 있어.

해시태그는 이처럼 어떤 단어나 주제를 중심으로 작성한 글을 모아 보기 쉽게 도와주거나 연결해 주는 역할을 해.

수학에는 **해시(hash)함수**라는 특별한 마법 상자가 있는데, 이 마법 상자를 활용하면 컴퓨터 상에서 사용하는 어떤 데이터를 숫자와 알파벳으로만 이뤄진 컴퓨터 언어로 바꿔서 나타낼 수 있어.

그러면 컴퓨터에 저장해야 할 데이터를 컴퓨터 언어로 잘 정리해, 사용자가 데이터를 검색할 때 더욱 빠르게 찾을 수 있어. 그리고 이 마법 상자는 비밀번호를 암호화해서 저장할 때도 쓰여.

이처럼 해시태그와 해시함수는 서로 다른 목적과 역할이 있지만, 정보를 정리하고 쉽게 찾을 수 있도록 돕는 공통점이 있어. 해시태그는 사용자가 쉽게 주제를 묶어 검색할 수 있는 도구로, 해시함수는 데이터를 고유한 컴퓨터 언어로 변환해 사용자 데이터를 안전하게 보호하거나, 빠르게 검색할 수 있도록 돕는 셈이지.

123에서 1이 왜 100이야?

●---- 056

수에는 자릿값이라는 게 있어서 숫자가 어느 자리에 있느냐에 따라 값의 크기가 달라져. 우리는 열 손가락, 즉 10을 기준으로 하는 수 체계인 십진법을 기준으로 수를 설명하기 때문에 각 수의 자리마다 10배씩 커지는 규칙이 있어. 다시 말해 자연수에서는 가장 오른쪽 자리가 일의 자리이고, 그 다음 왼쪽 자리는 십의 자리가 된다는 말이야.

따라서 1이 일의 자리에 있으면 그냥 1이 1개 있다는 뜻이야. 1이 십의 자리에 있으면 1이 10개, 1이 백의 자리에 있으면 1이 100개 있다는 말이지.

그럼 123(일백이십삼)을 꼼꼼하게 살펴볼까? 123(일백이십삼)이라는 수는 일의 자리 수 3, 십의 자리 수 2, 백의 자리 수 1이 모여 완성된 거야. 그래서 123에서 1이 100인 이유는 1이 백의 자리에 있기 때문이야. 수 123을 일이삼이라고 읽지 않고, 일백이십삼이라고 읽는 이유도 자릿값이 있기 때문이지.

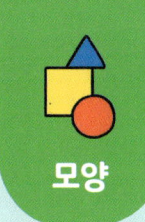

어디가 가로고, 어디가 세로지? ●----057

책을 읽다가 머리를 식힐 겸 옆에 있던 스마트 기기를 꺼내 들었어. 펼친 책 위에 스마트 기기를 올리고 잠시 동영상 몇 개를 보려는데 세로는 좀 불편한 거야. 그래서 가로로 눕혀서 가로가 긴 화면으로 동영상을 봤지. 이렇듯 스마트 기기나 휴대 전화는 사용자의 편의에 따라 가로와 세로를 마음대로 바꿀 수 있어. 그럼 어디가 가로고, 어디가 세로지?

보통 **가로**는 왼쪽에서 오른쪽, **수평 방향으로 뻗은 길이**를 말해. **세로**는 위에서 아래, **수직 방향으로 뻗은 길이**를 말하지. 이렇듯 가로와 세로는 방향에 따라 정해지는 건데, 우리가 도형을 보고 가로와 세로를 정할 때는 방향에 따른 길이를 보고 다르게 부르는 거야.

만약 스마트 기기를 위 그림처럼 수직 방향으로 더 긴 직사각형으로 만들어 보고 있다면, 이 직사각형은 가로보다 세로가 긴 도형이 되지. 반대로 동영상을 보기 쉽게 직사각형을 90° 회전해서 가로로 눕히면, 이번에는 세로보다 가로가 긴 도형으로 변해.

생활

병원에서도 수학이 필요하다고?

•----058

아래와 같은 해골 사진 본 적 있어? 이 사진은 주로 병원에서 X선 촬영 장비를 이용해 우리 몸속을 들여다볼 때 찍는 사진이야. 흔히 엑스레이라고 부르는데, 몸속에 문제가 생긴 부분을 정확히 확인하려고 찍는 사진이야. 뼈의 구조나 폐의 상태를 들여다볼 수 있어서 질병을 진단하고 원인을 찾는데 중요한 자료가 돼.

엑스레이는 특별한 빛(X선)을 통과시켜 사진을 찍는 원리야. 이 빛은 뼈처럼 딱딱한 부분은 잘 통과하지 못해서 하얗게 나타내고, 살이나 피부처럼 부드러운 부분은 쉽게 통과하는 특징이 있어. 그래서 엑스레이 사진을 보면 뼈 부분은 하얗게, 피부나 살 부분은 어둡게 보이는 거야.

엑스레이 촬영 장비는 빛이 몸의 어느 부분을 지나면서 약해졌는지 **숫자**로 계산해. 예를 들어 어두운 곳에서 손전등을 들고, 손에 비춘다고 상상해 보자. 하얀 벽 앞에서 손을 들고 손전등을 비추면, 손전등에서는 똑같은 양의 빛이 골고루 나오지만 손등에 가로막히는 부분은 벽에 도착하는 빛의 양이 달라져. 그림자도 손 모양으로 나타나잖아? 엑스레이 촬영 장비도 몸에 빛을 똑같이 100만큼 비추고, 몸을 통과한 뒤에 남은 빛의 양을 계산해 데이터를 모아 사진으로 만드는 거야.

이렇게 엑스레이는 순간적으로 몸에 빛을 여러 방향에서 비추고 그곳을 통과한 빛의 강도를 **데이터**로 만들고, 이를 조합해 사진으로 나타내는 원리야. 마치 퍼즐 조각을 맞출 때 완성된 그림을 보면서 맞추는 것처럼, 수학은 완성된 그림, 엑스레이로 얻은 데이터는 퍼즐 조각이라고 생각하면 돼.

비트가 뭐야? 코드가 뭐야?

059

컴퓨터

컴퓨터의 언어는 모두 0과 1로만 이뤄져 있대. 컴퓨터가 정보를 표현하는 가장 기본 단위를 '비트(bit)'라고 불러. 이 비트를 정해진 규칙에 따라 여러 개 모으면, 0과 1은 더이상 숫자가 아닌 특별한 정보를 나타낼 수 있는 '코드(code)'가 돼. 예를 들어 8개(8bit=1byte)의 비트를 모으면 문자를 나타낼 수 있어. 좀 더 알아볼까?

비트와 코드는 재료와 요리법의 관계와 같아. **비트**는 요리에 필요한 밀가루나 버터, 설탕과 같은 기본 재료와 같아. **코드**는 이 재료를 다양한 방법으로 활용해 빵이나 쿠키, 케이크를 만드는 요리법인 셈이지.

비트와 코드는 **이진법**이라는 수학 개념을 기초로 작동해. 우리가 평소에 자주 사용하는 수 체계는 0, 1, 2, 3, …를 재료로 쓰는 십진법 체계인 거고, 컴퓨터는 0과 1만 재료로 쓰는 이진법 체계를 따라. 비트는 0과 1, 두 가지만 있어서 0과 1을 반복 사용하면서 더 큰 수를 나타낼 수 있어.

예를 들어 이진법 10은, 우리가 잘 알고 있는 십진법에서 10(ten)을 나타내지 않고 2(two)를 나타내. 왜냐하면 십진법은 10배씩 커지는 자릿값을 따르고, 이진법은 2배씩 커지는 자릿값을 사용하기 때문이지.

따라서 십진법에서는 일의 자리, 십의 자리, 백의 자리, 천의 자리로 자릿값이 커지지만, 이진법에서는 일의 자리, 이의 자리, 사의 자리, 팔의 자리와 같이 모두 2배씩 커져. 따라서 이진법 체계를 따르는 10은 일의 자리가 0, 이의 자리가 1인 2와 같지.

환경

우주 비행사가 우주에서 둥둥 떠다니는 이유는?

060

우리는 아직 직접 달에 가볼 순 없지만, 달 탐사에 나선 우주 비행사를 촬영한 영상을 보면서 달을 구경할 수 있어. 그런데 우주 비행사가 우주선 안에서 둥둥 떠다니더라? 지구 밖 우주에서는 왜 사람이 걸어 다닐 수 없는 걸까?

우주 비행사가 우주선 안에서 둥둥 떠다니는 이유는 중력이 거의 없기 때문이야. 우주에는 지구에서처럼 발을 땅에 딛게 해주는 강한 중력이 작용하지 않아. 이를 **무중력 상태** 또는 미세 중력 상태라고 불러.

중력은 **모든 물체가 서로 끌어당기는 힘**을 뜻해. 우리는 이 힘 덕분에 발을 땅에 딛고 서 있을 수 있어. 공을 머리 위로 던져도 곧 땅으로 떨어지는 이유도 모두 중력 때문이야. 모든 물체는 크기에 상관없이 서로를 끌어당기는 힘이 작용해. 지구는 사람을 끌어당기고, 사람도 지구를 끌어당기고 있는 셈이지.

이 중력의 크기는 **물체의 질량**(무게)과 **거리**에 따라 달라져. 중력은 질량을 거리의 제곱으로 나눠서 그 크기를 계산하기 때문에 질량에 비례하고, 거리에는 반비례해. 그래서 지구처럼 무거운 물체일수록 중력이 강하고, 지구와의 거리가 가까울수록 중력이 강한 거야.

지구 질량이 달 질량보다 약 81배 더 무겁고, 지구와도 멀리 떨어져 있어 달은 중력이 약한 편이야. 그래서 달의 중력은 지구의 약 1/6정도라고 해. 이런 이유로 지구에서 몸무게가 30kg인 어린이가 달에 가면 30÷6=5kg이 되지. 달에서는 중력이 약하므로 마치 몸무게가 1/6로 줄어드는 것처럼 보이는 거야.

근데 여기서 중요한 건, 몸무게는 중력에 따라 달라지지만, 몸의 '질량'은 변하지 않아. 몸무게와 몸 질량은 뭐가 다른 걸까? 몸무게는 중력의 힘 때문에 느껴지는 몸의 무게이고, 몸의 질량은 몸 자체의 고유한 물리량을 말해. 그래서 몸의 질량이 30kg인 사람이 지구에서는 지구의 중력 때문에 몸무게가 30kg으로 느껴지는 거고, 달로 가면 중력이 약해져서 약해진 중력만큼 몸무게가 5kg으로 느껴지는 거야. 하지만 **질량**은 어떤 행성으로 가든 변하지 않는 **고유의 값**이야. 지구에서도 달에서도 모두 30kg으로 같지.

예를 들어 설명해 줄게. 책가방에 수학책 10권을 넣고 가방을 메면 수학책 10권의 무게가 고스란히 느껴질 거야. 그런데 그런 경험해본 적 있어? 누군가 가방의 밑면을 살짝 받쳐 주거나, 가방 손잡이를 위로 당겨 도와주면 같은 가방이라도 훨씬 가볍게 느껴지잖아. 하지만 이때도 수학책 10권의 무게는 절대 변하지 않지. 외부의 다른 힘이 작용해 내가 무게를 덜 느낄 뿐이야. 지구와 달의 중력의 차이도, 몸무게와 몸의 질량 차이도 이것과 같은 원리야.

지구와 우리 사이에는 힘이 강한 자석이 서로를 당기고 있는 것과 같고, 달과 우리 사이에는 힘이 약한 자석이 당기고 있어서 그 힘이 상대적으로 약하게 작용한다는 말이지. 그래서 달에서는 몸이 더 가볍게 느껴지고 둥둥 떠다니며 자유롭게 움직일 수 있는 거야.

컴퓨터

컴퓨터는 그림을 네모로 그린다고?

061

컴퓨터 화면에 보이는 그림 파일은 사실 아주 작은 점으로 이뤄져 있어. 디지털 형식으로 제작된 그림 파일이나 사진 파일을 계속 확대해 보면, 작은 네모가 촘촘하게 모여 있는 걸 확인할 수 있지. 이렇게 디지털 그림을 이루고 있는 점을 픽셀(pixel)이라고 불러.

최근에는 마인크래프트라는 게임이 인기를 끌었지. 다양한 픽셀 모양 블록을 여러 가지 방식으로 조합하고 쌓아서 자신만의 세상을 만드는 게임이잖아. 이 게임 화면을 자세하게 살펴보면 일정한 규칙에 따라 배열된 픽셀이 모여 전체 화면을 나타내고 있어.

픽셀 배열은 (가로 픽셀 수)×(세로 픽셀 수)로 계산돼. 예를 들어 컴퓨터 화면에서 가장 많이 쓰이는 픽셀 배열은 1920×1080인데, 이 배열은 가로에 1920개, 세로에 1080개 픽셀이 있다는 말이야. 실제로 1920×1080을 계산하면, 207만 3600인데 이 배열을 따르면 200만 개가 넘는 픽셀이 화면에 배열된다는 말이지. 이를 **해상도**라고 불러. 해상도가 높으면 높을수록 픽셀 배열은 촘촘해져서 그림을 더 선명하게 표현할 수 있어.

각 픽셀의 위치는 가로와 세로의 좌표로 나타낼 수 있어. 예를 들어 화면이 3×3 픽셀로 구성돼 있다면, 각 픽셀의 좌표는 다음과 같이 이야기할 수 있어.

- 첫 번째 줄 : (1, 1), (1, 2), (1, 3)
- 두 번째 줄 : (2, 1), (2, 2), (2, 3)
- 세 번째 줄 : (3, 1), (3, 2), (3, 3)

이렇게 각 픽셀은 좌표로 표현할 수 있는 고유의 자리가 있고, 그 자리에 알맞은 색 또한 정해져 있어. 우리 반 학생이 모두 20명이라면, 교실 안에 가로 4줄, 세로 5줄로 책상을 놓고 각자 정해진 자리에 앉아서 공부를 하는 것과 같은 원리야. 만약 픽셀이 정해진 자리에 정해진 색을 나타내지 않는다면, 그림이 엉망이 되겠지.

이렇게 픽셀 배열은 퍼즐 조각과 비슷해. 퍼즐 조각이 제자리에 놓여야 그림이 완성되는 것처럼, 픽셀도 정해진 자리에 잘 들어가야 컴퓨터가 정확한 이미지를 보여줄 수 있어.

숫자

휴대 전화 번호는 왜 11자리일까?

●---062

우리나라에서 사용하는 휴대 전화 번호는 일반적으로 11자리 수로 구성돼. 이 번호는 어떤 규칙에 따라 정해지는 걸까?

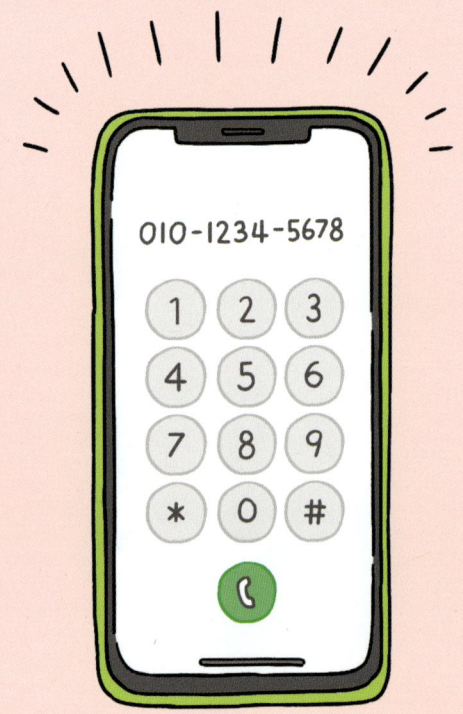

❶ 첫 번째 세 자리(예:010)

첫 번째 세 자리 010은 이 전화번호가 '휴대 전화 번호'라는 걸 증명하는 식별(분별해 알아 차림) 번호야. 과거에는 011, 016과 같이 통신사마다 식별 번호가 달랐지만 2004년부터 010으로 통합해서 사용하기 시작했어.

❷ 두 번째 네 자리(예:1234)

두 번째 네 자리는 과거에는 세 자리일 때도 있었는데, 휴대 전화 가입자가 많아지면서 자릿수를 늘려 더 많은 번호를 만들게 됐어.

❸ 세 번째 네 자리(예:5678)

세 번째 네 자리는 가입자가 직접 고를 수 있는 고유 번호야.

> 💡 **잠깐!** 11자리로 만들 수 있는 휴대 전화 번호는 모두 몇 개일까?
>
> 휴대 전화 번호는 모두 똑같이 010으로 시작하고, 그 뒤에 8자리 번호가 이어져. 그중 첫째 자리엔 0을 사용하는 일은 거의 없으니 첫째 자리엔 1부터 9까지, 나머지 일곱 자리엔 0부터 9까지의 숫자를 사용해 조합할 수 있지.
>
> 따라서 8자리 번호 조합이 가능한 경우의 수는 9×10×10×10×10×10×10×10=90,000,000가지, 즉 9000만 가지야.

삼각형 세 각의 합은 왜 항상 180°야?

063

삼각형은 세 각의 합이 항상 180°라고 배웠어. 교과서에는 아래 그림처럼 삼각형 하나를 종이 위에 그리고, 삼각형의 세 각을 가로로 잘라서 나란히 이어 붙이면 일직선이 된다고 설명해. 대체 왜 그런 걸까?

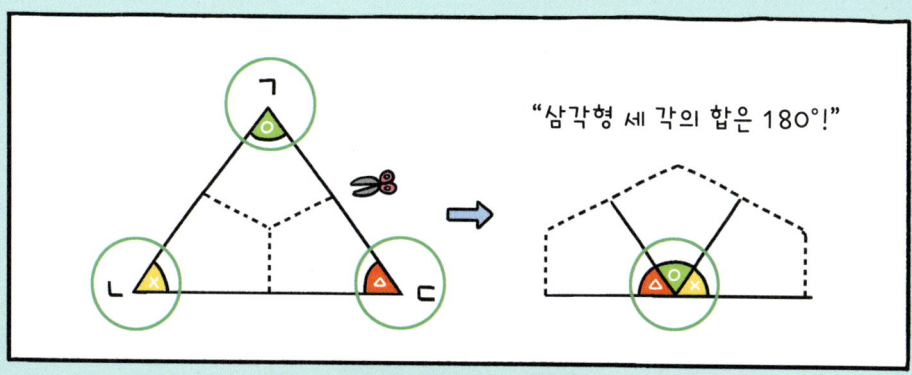

삼각형 세 각의 합을 180°로 만드는 규칙은 **평행선**의 성질과 밀접하게 연결돼 있어. 다음 그림을 함께 살펴보자. 오른쪽 그림과 같이 평면 위에 삼각형 ABC를 하나 그려. 그 다음 삼각형의 밑변인 선분 BC(초록선)과 평행인 평행선(노란 점선) 하나가 각 A를 지나도록 그려봐.

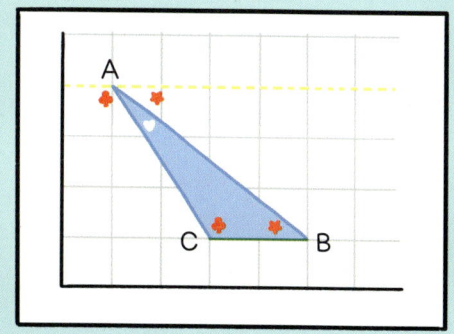

그런 다음 두 평행선과 이들을 가로지르는 직선(선분 AB)이 만날 때 '엇각'은 서로 같다는 성질을 이용하면 돼. **엇각**은 평행선을 사이에 두고 마주 보는 각을 말해. 두 평행선과 가로지르는 직선이 만드는 4개의 각 중에서 왼쪽 위 각과 오른쪽 아래 각의 크기가 같고, 반대로 왼쪽 아래 각과 오른쪽 위 각의 크기가 같아. 이런 각이 바로 엇각이지. 엇각이 어딘지 헷갈린다면, 두 평행선과 가로지르는 Z 모양으로 연결해 봐. Z로 그려지는 위아래 안쪽 각이 바로 엇각이야.

위 삼각형 ABC에서는 ∠B와 ★(∠A 오른쪽 부분)의 크기가 같고, ∠C와 ♣(∠A 왼쪽 부분)의 크기가 같다는 걸 알 수 있어. 덕분에 삼각형 세 각의 크기의 합이 180°라는 것도 확인할 수 있지.

생활

음식을 나눠 먹을 때 가장 공평한 방법은?

●---- **064**

사람들과 음식을 먹을 때 '나누기' 개념을 활용하면 몫이 모두 같도록 일정하게 나눌 수 있어. 예를 들어 8조각으로 나눠진 피자는 혼자 먹으면 8조각, 두 명이 먹으면 4조각씩, 네 사람이 먹으면 2조각씩 나눠 먹으면 아주 공평하지. 그러면 8조각 피자를 세 명이 나눠 먹어야 할 땐 어떻게 해야 할까?

8÷3=2…2, 세 사람이 2조각씩 먹으면, 2조각이 남지. 남은 2조각을 공평하게 나누는 방법은 두 가지야.

● **남은 2조각을 합친 다음, 다시 3조각으로 나눠서 새로운 조각으로 나눠 먹는 방법**
그런데 이 방법은 사탕과 같은 음식을 나눌 때는, 잘게 나누기가 어려워서 적용하기 힘들 수 있어.

● **남은 2조각을 먹을 사람을 제비뽑기와 같은 추첨으로 결정하는 방법**
이때 누가 뽑힐지에 대한 **'확률'**도 한 번 더 생각해 봐야 해.

수학적 확률 : 수학적 확률은 모든 경우가 일어날 가능성이 동일하다는 전제하에 이론적으로 계산한 결과야. 예를 들어 3명이 남은 2조각을 추첨한다면, 한 사람이 남은 피자를 먹을 확률은 2/3=66.6%로 꽤 높은 편이야.

경험적 확률 : 그러나 현실에서의 확률은 다를 수 있어. 추첨 방법이나 횟수, 사람의 행동 등에 따라 결과가 달라지니까 말이야. 이럴 때는 여러 번 반복해 본 결과, 즉 경험적 확률이 수학적 확률에 가까워지면서 공정해지는 경향이 있어.

환경

욕조에 들어가면
왜 물이 넘치는 거야?

●---- 065

바로 아르키메데스 원리 때문이지. '아르케메데스 원리'란, '어떤 물체가 액체나 기체에 잠길 때, 그 물체는 자신이 밀어낸 액체나 기체의 무게와 같은 부력으로 물체를 밀어낸다는 원리'야. 그래서 이 힘의 크기에 따라 물에서 어떤 물체는 뜨고, 어떤 물체는 물 아래로 가라앉는 거야. 아르키메데스는 이 원리를 어떻게 알아냈을까?

어느 날 왕이 아르키메데스를 불러 고민을 털어놨어. 장인에게 '황금 왕관' 제작을 맡겼는데, 그 안에 다른 금속이 섞였는지 확인할 방법이 없다는 거야.
한동안 해결책을 찾지 못하던 아르키메데스는 목욕 중 물이 욕조 밖으로 넘치는 걸 보고 깨달았어. '아하! 물이 넘치는 양과 내 몸의 부피가 똑같구나. 이 원리를 이용하면 왕관의 부피를 계산할 수 있겠어!' 하고 말이야. 그러고는 기뻐서 옷도 입지 않고 거리로 뛰쳐나와 '**유레카**(Eureka, 그리스어로 찾았다는 뜻)!'라고 외쳤다고 해.

아르키메데스는 왕에게 달려가 실험을 제안했어. 무게가 같은 진짜 황금 왕관과 문제가 된 황금 왕관을 각각 물에 넣어 보자고 했지. 진짜 황금 왕관은 무거운 금 원자가 촘촘히 모여 있어 부피가 작고, 밀도가 낮은 다른 금속이 섞인 왕관이라면 같은 무게여도 부피가 훨씬 더 클 테니까. 무게는 같지만 부피가 큰 물체는 물속에 넣었을 때 더 많은 물을 밀어낸다는 사실을 아르키메데스는 미리 알고 있었던 거야.
실험 결과, 장인이 만든 왕관은 다른 금속이 섞인 가짜 황금 왕관으로 밝혀졌대. 물속에 넣었더니 훨씬 더 많은 물이 넘쳤거든.

아르키메데스는 이 일화를 바탕으로 '**아르키메데스 원리**'를 정립했어.

숫자

누가 하루를 24시간으로 정한거야?

•----066

하루는 24시간으로 나누고, 1시간은 60분, 1분은 60초로 나눠. 이건 누가 정한 걸까?

하루를 24시간으로 나누는 방식은 고대 이집트와 바빌로니아 문명에서 시작됐어. 고대 이집트인들은 태양의 이동과 별자리를 관찰하여 시간의 규칙을 발견했거든. 이집트인들은 밤하늘에 보이는 별을 기준으로 밤을 12등분해서 12시간, 낮 하늘에 보이는 태양의 움직임을 기준으로 낮을 12등분해서 12시간을 기록해 하루를 24시간으로 만들었지.

옛날에는 태양의 그림자를 활용하거나 물이 일정한 속도로 떨어지는 장치를 연구해 물이 줄어드는 양으로 시간을 측정했어. 하지만 자연을 활용한 시계는 정확도가 떨어져 불편함이 많았지.

그러다 중세 시대에 유럽에서 톱니바퀴와 태엽을 이용해 시간을 측정할 수 있는 **기계식 시계**가 발명됐어. 시계를 발명하려고 연구하는 사람들은 직선으로 숫자를 나열하기보다 원 모양을 따라 숫자를 나열하면서 낮과 밤이 반복되는 순환의 개념을 표현하려고 했어.

또 오래전부터 사람들은 '12'라는 수를 좋아했어. 게다가 시간이 **60진법**을 따르기 때문에, 60의 약수(나머지없이 나눌 수 있는 수)인 12는 시계를 구성하기에 적합했지. 그렇게 지금처럼 12시간 표시의 시계가 만들어진 거야.

모양

직선과 곡선은 뭐가 다를까?

●---**067**

끝이 보이지 않을 정도로 길게 뻗은 고속 도로가 있는 반면, 속도를 전혀 낼 수 없는 구불구불한 도로도 있어. 이처럼 같은 도로인데도 어떤 건 직선, 어떤 건 곡선이야. 직선과 곡선은 모두 선을 이루는 모양이지만, 그 특징과 정의는 조금 달라. 같이 알아볼까?

직선이란 **곧게 뻗은 선**으로 끝이 없고 한 방향으로 길게 이어진 선을 말해. 어떤 두 점 사이를 잇는 가장 짧은 길을 찾으려면, 두 점을 직선으로 연결하면 돼. 직선은 휘어지거나 꺾이지 않아야 해. 양쪽 어디에도 끝이 없으니 양방향으로 무한히 뻗을 수 있어.

곡선이란 **휘거나 구부러진 선**으로, 직선과 달리 여러 방향으로 부드럽게 꺾여 있어. 부드럽게 휘어진 모양으로 원의 일부가 되기도 해. 직선과 곡선은 도형의 기본 요소로, 삼각형, 사각형, 원의 일부가 돼. 좌표 평면에서는 직선과 곡선을 일정한 방정식에 따라 그래프로 그려 표현할 수 있지. 수학자는 언제부터 직선과 곡선을 연구했을까?

직선은 기원전 300년 경, 고대 그리스 수학자 **유클리드**가 '양 끝이 없이 한 방향으로 무한히 뻗어나가는 선'으로 정의했어. 한편, 그 무렵 수학자 **아르키메데스**는 원이나 원의 일부인 곡선의 길이를 계산하는 방법을 연구했어. 그 뒤로 시간이 흘러 17세기 프랑스의 수학자 **르네 데카르트**가 좌표 평면을 사용해 곡선과 직선을 방정식으로 처음 표현했어. 직선의 방정식은 $y=ax+b$(단, $a\neq0$)으로, 곡선의 방정식은 반지름이 r일 때, 원의 방정식인 $r^2=x^2+y^2$나, 포물선을 그리는 $y=ax^2$(단, $a\neq0$)과 같이 나타내기 시작했어. 덕분에 기하학 연구가 더욱 발전했지.

생활

계단의 높이는 어떻게 정할까?   •----068

우리는 하루에도 몇 번씩 계단을 오르내려. 아주 오래 전에 계단은 흙이나 돌 나무로 만들어지기도 했어. 혹시 계단이 너무 높거나 낮아서 불편했던 적 있어? 계단의 높이는 누가 결정하는 걸까?

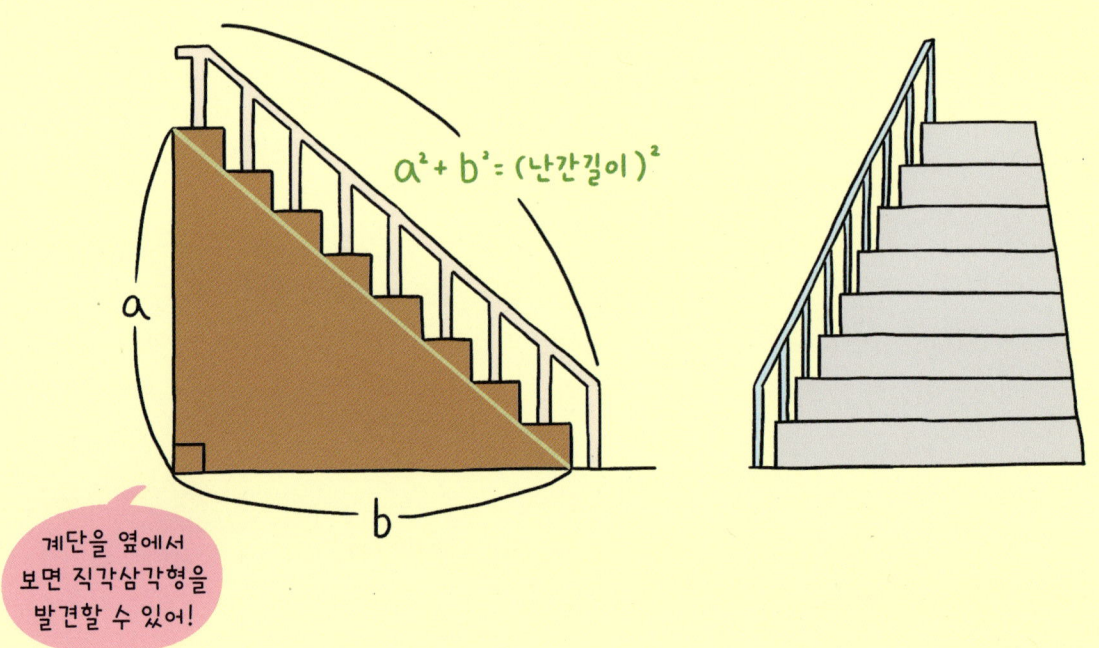

계단을 옆에서 보면 직각삼각형을 발견할 수 있어!

계단이 너무 높게 설치되면, 오르내리기 불편하고 넘어질 위험이 커. 반대로 계단의 높이가 지나치게 낮으면 계단 수가 많아져 피로감이 증가할 수 있지. 그래서 계단은 적절한 높이와 폭으로 설계하는 것이 중요해.

일반적으로 계단 한 칸의 높이는 사람의 한 걸음의 크기에 맞춰 약 15cm~18cm 사이로, 계단의 폭은 사람의 발 길이에 맞춰 약 30cm(=300mm) 정도로 결정해.

또 계단을 옆에서 보면, 계단과 난간이 만나 만들어진 **직각삼각형**을 발견할 수 있어. 이때 난간 길이는 직각삼각형에서 빗변의 길이를 구하는 **피타고라스 정리**를 사용하면 쉽게 알 수 있어. 밑변과 높이의 길이가 길어질수록 빗변의 길이도 길어지므로, 계단 높이와 폭의 비율에 따라 난간의 길이도 달라진다는 걸 알 수 있지.

지구의 무게는 얼마나 될까?

•---- 069

우리가 살고 있는 지구는 얼마나 무거울까?

자료에 따르면, 지구의 무게는 5,970,000,000,000,000,000,000,000kg 즉, 약 5.97×10^{24}kg이야. 몸무게가 60kg인 사람이 100,000,000,000,000,000,000,000($=10^{23}$) 명 있는 무게와 똑같지. 이 수는 엄청 커서 상상하기조차 어려워.

보통 아프리카에 사는 코끼리 한 마리 무게가 약 5,000kg이라고 알려져 있어. 그러니까 지구의 무게는 약 코끼리 1,200조 마리 무게와 같아. 12뒤에 0을 14개나 붙인 수지. 코끼리처럼 큰 동물로도 수를 헤아리기 어려울 만큼 지구의 무게가 엄청나.

이번엔 산의 무게와 비교해 볼까? 지구에서 가장 높은 에베레스트 산은 무게가 약 10조 kg이라고 해. 그러면 지구의 무게는 에베레스트 산을 약 600조 개 모은 것과 같다는 말이야.

지구의 안쪽에는 철과 니켈 같은 무거운 금속으로 이루어진 핵이 자리 잡고 있어. 지구가 무거운 건 바로 이 무거운 핵 때문이야.

컴퓨터

휴대 전화는 어떻게 내 현재 위치를 알아?

070

친구들과 맛집을 찾아갈 때 우리는 인터넷 검색을 통해 가게 정보를 찾고, '현재 위치' 버튼을 눌러 길을 찾지. 휴대 전화는 어떻게 내 위치를 아는 걸까?

휴대 전화는 GPS를 통해 '현재 위치'를 알 수 있어. **GPS**란 '전 지구 위치 파악 시스템'(**G**lobal **P**ositioning **S**ystem)의 약자로, 인공위성을 사용해 실시간 위치 정보를 확인하는 거야. 하늘에는 약 30개의 GPS 인공위성이 떠 있는데, 휴대 전화는 이 인공위성이 보낸 신호를 받아서, 현재 위치를 계산해. 신호가 도착하는 데 걸리는 시간을 측정하면 바로 인공위성까지의 거리를 구할 수 있어.

우리가 잘 알고 있는 **거리=속력×시간** 공식을 쓰면 되는데, 만약 인공위성에서 신호가 30만 km/s의 속도로 0.05초 만에 도착했다면, 300,000×0.05=15,000, 현재 내 위치에서 인공위성까지의 거리가 1만 5000km라는 걸 알 수 있지. 이걸로 내가 어떻게 알 수 있냐고? 위성 3개만 있으면 구할 수 있어.

GPS의 목표는 인공위성으로 현재 내 휴대 전화가 지구상 어느 지점에 서 있는지 공간 좌표 (x, y, z)를 찾는 거야. 각각 세 위성을 중심으로 원을 그리고, 앞에서 살펴본 공식으로 세 원의 반지름을 각각 구한 다음, 세 점 사이의 거리 공식을 이용하면 나의 현재 위치를 (x, y, z)처럼 좌표로 나타낼 수 있다는 말이야.

숫자

자동차 번호판 숫자는 어떻게 정해질까?

●---- 071

자동차 번호판을 살펴본 적 있니? 우리나라 자동차 번호판은 발급 시기에 따라 색과 모양이 조금씩 달라. 과거에는 초록색 바탕에 하얀 글씨로, 서울, 부산과 같은 지역 이름을 함께 썼는데, 지금은 하얀 바탕에 검정 글씨로 지역 표기 없이 사용하고 있거든.

자동차 번호는 일반적으로 차량 등록기관의 전산 시스템에서 자동으로 배정돼. 한글 문자와 숫자 7자리를 구성해 4~5가지 후보를 제안하고, 그중 마음에 드는 번호를 선택할 수 있어. '1111', '1234', '7777'과 같은 인기 번호는 추첨을 통해 정해져.

과거에는 번호가 6자리였는데 차량이 많아지면서, 번호 부족 문제를 해결하기 위해 2020년에 7자리로 확장됐어. 숫자 6자리와 한글 문자 1자리로 조합한 자동차 번호판은 약 4000만 개(=99×40×9999)의 서로 다른 번호를 만들 수 있었는데, 숫자 자리를 7자리로 늘어나면서 약 3억 6000만 개(=900×40×9999)의 번호를 만들 수 있게 됐어. 조합 수가 약 10배나 늘어난 셈이지.

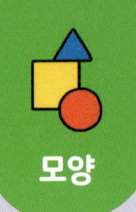

모양

연필의 단면은 왜 육각형일까? ●---072

'연필(鉛筆)'이라는 이름의 뜻은 그대로 풀이하면 '납으로 만든 붓'이라고 해. 아주 오래 전 사람들이 연필의 주재료인 흑연과 납을 혼동하면서 잘못 붙여진 이름이지. 처음엔 연필의 주재료인 흑연만 사용했어. 그런데 흑연만 쥐어 글씨를 쓰면, 손에 시커멓게 다 묻기도 하고 잘 부러지기도 했지. 그래서 흑연을 나무로 감싸 사용하기 시작한 거야. 지금 우리가 쓰는 육각기둥 연필이 된 거지. 그럼 연필은 왜 육각기둥 모양일까?

육각기둥 연필은 19세기쯤부터 사용하기 시작했어. 여섯 개의 평평한 면이 있어 손으로 쥐기도 편하고, 쓰다가 잠시 책상 위에 내려놓을 때 잘 굴러가지도 않지. 그리고 무엇보다 연필 제작과정에 필요한 나무를 버리는 부분 없이 경제적으로 활용할 수 있어. **육각형**은 평면을 빈틈없이 가득 메울 수 있으니까.

그럼에도 불구하고 디자인적으로 차별성을 보이고 싶은 제작사들은 단면의 모양이 육각형이 아닌 연필을 만들기도 해. 덕분에 연필은 단면이 원인 원기둥 연필, 삼각형인 삼각기둥 연필, 사각형인 사각기둥 연필 등 다채로운 모습으로 등장했어.

연필은 단면 모양에 따라 서로 다른 장점과 단점이 있으므로, 각자 필요와 취향에 맞게 선택해 사용하면 돼.

생활

자판기는 100원짜리 동전과 500원짜리 동전을 어떻게 구분해?

073

요즘 자판기는 카드 결제도 가능하지. 하지만, 예전에는 동전이나 지폐로만 결제할 수 있는 기계가 많았어. 자판기는 100원짜리 동전과 500원짜리 동전을 어떻게 구별하는 걸까?

동전은 나라별, 금액별로 크기와 두께, 무게가 다 달라. 자판기 안에는 동전이 굴러 들어가는 길(슬롯)이 있는데, 동전이 이 길을 지날 때 센서가 작동해 동전의 크기를 측정하는 거야. 실제로 100원짜리 동전의 지름은 24mm이고, 두께는 1.5mm야. 500원짜리 동전의 지름은 26.5mm이고, 두께는 2mm야.

또, 동전은 금액별로 무게가 달라. 양손에 각각 100원짜리 동전과 500원짜리 동전을 올려 두고 무게를 비교해 보면, 500원짜리 동전이 조금 더 무거운 걸 알게 될 거야. 자판기 안에도 동전의 무게를 잴 수 있는 작은 저울과 같은 장치가 들어 있다고 해. 실제로 100원짜리 동전의 무게는 5.42g이고, 500원짜리 동전의 무게는 7.7g이야.

이뿐만 아니라 동전의 가장자리를 살펴보면 촘촘한 톱니무늬가 있는데, 이걸로 금액을 구별할 수도 있어. 100원짜리 동전에는 톱니무늬가 114개, 500원짜리 동전에는 톱니무늬가 120개라고 하니, 이 정도면 자판기도 충분히 구별할 수 있겠지?

환경

남극의 빙하는 매년 얼마나 녹을까?

074

최근 남극의 빙하와 해빙(바닷물이 얼어서 생긴 얼음)이 빠른 속도로 줄어들고 있어. 얼마나 빠르게 녹고 있을까?

서울대학교 지구과학교육과 연구팀은 2003년부터 2020년 사이에 남극 얼음 질량이 어떻게 변했는지 연구했어. 연구팀은 남극 얼음 높이를 측정하는 인공위성 고도계와 중력을 측정하는 인공위성 중력계로 얻은 관측 자료를, 수학적으로 분석하는 새로운 연구 기법을 개발해 수십 km 규모의 작은 빙하 변화까지 정확하게 파악할 수 있었어.

빙하가 얼마나 빠르게 녹는지 알아보기 위해 과학자들은 빙하 내부의 미세한 구조를 연구하고, 바닷물의 온도와 염도(소금기 정도)에 따라 빙하가 얼마나 녹는지 관찰했어. 수학자들은 기온, 수온, 바닷물의 염도, 빙하의 두께 등 여러 가지 변수를 고려해 방정식을 세우고, 빙하가 녹는 속도를 예측하면서 사라진 빙하의 양을 측정하는 거야.

관측 결과, 남극 전제 얼음은 지난 18년 동안 매년 약 1,200억 톤씩 사라졌다고 해. 이 얼음이 얼마나 많은 양인지 수영장 크기와 비교해 설명해 줄게. 올림픽 경기를 치르는 수영장을 얼음으로 가득 채우면 약 250만 리터의 물을 담을 수 있어. 그런데 1,200억 톤의 얼음은 이런 수영장

8억 6000만 개를 가득 채울 수 있는 양이라고 하니, 정말 엄청나지.

특히 남극 대륙의 서해안에 펼쳐진 스웨이츠 빙하와 파인 아일랜드 빙하 두 곳에서 연평균 845억 톤의 얼음이 사라지고 있대. 두 빙하는 남극 전체 면적의 3%에 불과하지만, 사라지는 얼음의 양으로는 남극 전체 얼음 손실량의 약 70%를 차지해.

지금 남극의 해빙 면적도 역사상 가장 낮은 수준을 기록하고 있어. 2023년 7월을 기준으로 남극의 겨울철 해빙 면적이 1700만 km^2 미만으로 줄어들었고, 이는 1986년 최저 기록보다 100만 km^2나 적은 값이라고 하니 정말 심각한 문제지.

남극의 빙하가 녹으면 바다로 흘러 들어가 해수면이 높아져. 만약 남극을 둘러싼 모든 빙하가 다 녹으면 전 세계 해수면이 약 57~8m정도 높아진다고 하니, 이런 일이 발생하기 전에 적극적인 연구와 대비가 필요해.

또, 빙하가 녹으면서 서식지를 잃는 동물이 생겨나고 있어. 예를 들어 물범은 이제 빙하 대신 흙바닥에서 생활하게 되고, 남극 생태계의 기본 먹이가 되는 크릴이 죽어가서 굶어 죽는 동물이 많아졌대.

컴퓨터

QR코드는 어떻게 정보를 담을까?

• ---075

숫자, 문자, 링크, 파일, 이미지까지. 요즘은 불특정 다수에게 전달하고 싶은 정보가 생길 때 'QR코드'라고 부르는 네모난 바코드를 사용해. QR코드는 검은색과 하얀색 사각형 패턴으로 구성돼 있고, 카메라나 바코드 스캐너가 패턴을 읽은 다음 바코드에 담긴 정보를 출력하는 거야.

카메라로 **QR코드**를 비추면, 카메라는 QR코드의 검은색은 0, 하얀색은 1로 인식을 해. 그런 다음 QR코드에 저장된 데이터를 읽는 거야. 이 데이터는 오직 **0과 1**만으로 구성돼 있어서, 데이터 해독이 필요해. 스캐너가 자동으로 데이터를 해독하고 나면 QR코드 안에 담겨 있던 숫자, 문자, 링크, 파일, 이미지를 출력해. 글로 길게 설명했지만 실제 처리 속도는 3초 안팎이야. 게다가 이 작은 QR코드에 숫자는 약 7000개, 문자는 약 4000개까지 저장할 수 있어.

QR코드는 현재 간편 결제나, 공연, 전시회, 공항 등에서 티켓으로 쓰여. 코로나19 때에는 QR 체크인으로 특정 장소에 방문한 사람의 인적 정보를 기록하는 용도로도 쓰였어. 제품 설명서에 동영상을 삽입하거나, 회사 웹사이트, 할인 정도, SNS 주소 안내 등 다양한 분야에서 널리 쓰이고 있어.

숫자

엘리베이터는 왜 0층이 아닌 1층부터 시작할까?

076

왜 엘리베이터는 항상 1층부터 시작하는 걸까? 0층은 왜 없지?

만약에 0층 버튼이 있는 엘리베이터가 있다고 상상해 봐. 0층에 도착해서 문이 열리면, 0층은 지상 층일까? 지하 층일까?

수직선을 먼저 떠올려 보자. 수직선에는 숫자가 다음과 같이 차례로 쓰여 있어. …-2, -1, 0, 1, 2…. **0은 수직선에서 가장 중요한 기준**이야. 수직선의 '출발점'이라고 할 수 있지. **양의 정수**는 0을 기준으로 오른쪽에 쓰고, **음의 정수**는 0을 기준으로 왼쪽으로 차례로 써 내려가면 되니까.

그럼 이제 엘리베이터도 수직선처럼 생각해 보자. 지상층은 1층, 2층과 같이 양의 정수로 표시하고, 지하층은 -1층, -2층과 같이 음의 정수로 나타내고. 그렇다면 0층은? 0층은 어디쯤일까?

헷갈리는 우리와 마찬가지로, 사람들은 어떤 건물의 기준을 1층이라고 생각해. 건물의 출입구가 있는 공간을 우리는 아주 오래전부터 1층이라고 부르고 있었으니까. 대부분의 건물은 '사람들이 가장 많이 드나드는 층을 1층'으로 정하고, 그 아래층부터 지하 1층, 지하 2층 등으로 구분하지. 0층은 거의 사용하지 않아.

수직선에서 0은 아무것도 없는 시작점이 될 수 있지만, 건물에서는 사람들이 사용하는 실제 공간을 시작점으로 여기고 여기를 1층이라고 부르기 시작한 거지.

우산의 표면은 왜 둥근 걸까?

●---**077**

우산을 펼치면 윗부분이 둥근 걸 확인할 수 있어. 왜 우산은 평평하지 않은 걸까? 만약 우산이 T모양처럼 평평했다면 어땠을까?

빗방울은 항상 수직으로 떨어지지 않고 비스듬히 내리기도 해. 바람이 많이 불기도 하고, 빗방울의 크기와 속도도 제각각이지. 만약 우산이 평평하다면, 빗방울이 비스듬히 내릴 때 옆으로 날아와 사람이 쉽게 젖게 될 거야. 또 바람이 강한 날엔 바람을 막을 수 없어 우산이 쉽게 뒤집히거나, 평평한 표면에 물이 고이고 말 거야.

우산 표면을 둥글게 만들면 여러 방향에서 내리는 비를 효과적으로 막을 수 있어. 그리고 빗방울이 둥근 표면에 닿을 때 빗방울의 힘을 분산시켜 우산을 오래 쓸 수 있도록 만들어 줘. 마치 비행기 날개 표면이 바람을 잘 통과하듯, 둥근 우산도 바람과 빗방울을 자연스럽게 흘려보내는 효과가 있어.

빗방울이 우산 표면에서 빠르게 흘러내릴 수 있도록 설계하는 것도 중요해. 한옥의 지붕 처마 역시 빗물이 빠르게 흘러내리도록 특별한 곡선, **사이클로이드 곡선**(cycloid)을 활용해 설계됐어. 사이클로이드 곡선이란 원이 굴러갈 때 원 위의 한 점을 따라 그리는 특별한 곡선을 말해.

사이클로이드 곡선

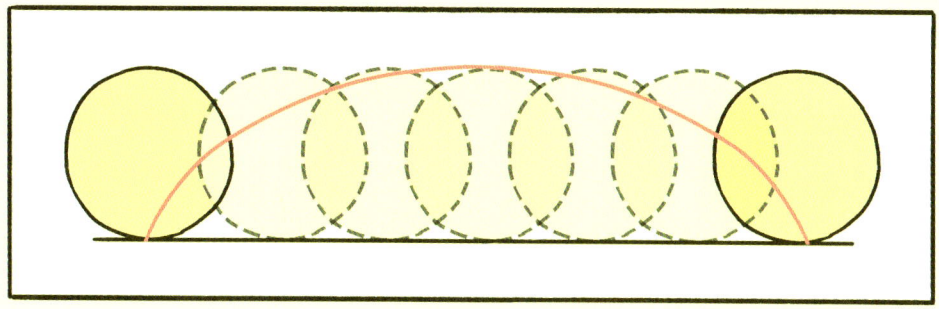

이 곡선은 물체가 가장 빠르게 내려오는 경로이기도 해. 실제로 사이클로이드 곡선으로 미끄럼틀을 만들면 다른 어떤 곡선보다 가장 빠르게 도착하게 돼. 그래서 이 곡선을 **최단 강하선**이라고 불러.

한옥의 처마도 이 곡선을 활용해서 빗물이 지붕 위에 오래 머무르지 않고 빠르게 흘려보내도록 설계되었어. 덕분에 목조 건축물을 젖거나 부식이 되는 걸 방지할 수 있었지. 아무래도 빗물이 처마에 고이면 집 안으로 물이 샐 수도 있으니까 말이야.

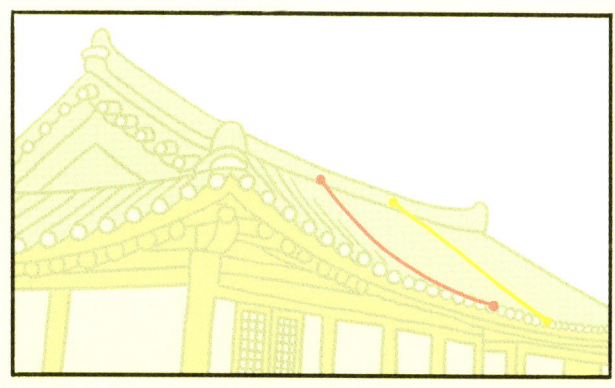

이렇게 한옥은 겉보기에도 정말 아름다울 뿐 아니라, 수학과 과학 원리를 활용해 기능적으로도 우수한 모습을 갖추었어. 우산의 둥근 표면도 사이클로이드 곡선을 활용해서 빗방울을 지금보다 더 빠르게 바닥으로 흘려보낼 수 있을지 몰라.

에코마일리지가 뭐야?

마일리지는 일정한 기준에 따라 점수를 쌓고, 그 점수를 보상으로 돌려받는 체계야. 마일(mile)은 킬로미터(km)와 같이 거리를 측정하는 단위 중 하나인데, 원래는 비행기를 탈 때 누적되는 이동 거리를 점수로 변환해 고객에게 혜택을 주는 제도에서 시작됐어. 그럼 에코마일리지는 뭘까?

에코마일리지는 에너지를 절약하거나 환경 보호에 도움이 되는 행동을 하면 점수를 쌓을 수 있는 보상 체계야. 이 보상 체계를 만들 때는 부등식을 활용해 구간을 정하고, 각 구간에 따라 혜택을 다르게 설정해. **부등식**이란 두 수의 크고 작음, 혹은 같지 않음을 나타내는 수학식이야.

절약 비율	보상 점수
5%≤x<10%	1만 점
10%≤x<15%	3만 점
15%≤x	5만 점

부등식에서는 다음과 같은 기호를 사용해. a가 b보다 작을 때(**미만**)는 a<b, a가 b보다 작거나 같을 때(**이하**)는 a≤b, c가 d보다 클 때(**초과**)는 c>d, c가 d보다 크거나 같을 때(**이상**)는 c≥d로 쓰면 돼.

예를 들어, 에너지 절약 비율에 따라 점수를 다르게 준다고 가정하자. 에너지 절약 비율이 5% 이상 10% 미만이면 1만 점, 10% 이상 15% 미만이면 3만 점, 15% 이상이면 5만 점을 주기로 해.

만약 지난 달 전기 사용량이 200kWh(킬로와트)였는데, 이번 달에 180kWh로 사용량을 줄였다고 하자. 그러면 절약 비율을 먼저 계산해야 돼. 지난 달 전기 사용량에서 이번 달 전기 사용량을 뺀 다음, 지난 달 전기 사용량으로 나누면 돼. 간단히 식으로 나타내면 다음과 같아.

(절약 비율)=(지난 달 전기 사용량-이번 달 전기 사용량)/(지난 달 전기 사용량)

그러면 10% 이상 15% 미만 구간에 속하니까, 3만 점을 받을 수 있어.
이처럼 에코마일리지는 내가 실천하는 환경 보호 행동을 수학적으로 계산해서, 공정한 보상을 받을 수 있는 시스템이야.

컴퓨터

비밀번호는 정말 안전하게 저장될까?

•--- 079

인터넷을 사용하기 위해서는 비밀번호가 필수지! 그런데 정말 내 비밀번호는 아무도 모르는 걸까?

우리가 사이트에 입력하는 비밀번호는, 컴퓨터에 그대로 저장되는 게 아니야. 대신 **암호화 과정**을 거쳐 코드로 바뀌어서 저장돼. 예를 들어 내가 입력한 비밀번호가 1234이면 컴퓨터는 그걸 0a1b2c3d4와 같이 완전히 다른 코드로 저장하는 거야.

그럼 컴퓨터에 다시 0a1b2c3d4를 입력하면 내가 입력한 비밀번호인 1234를 다시 찾아낼 수 있을까?

이 암호화 과정은 '일방 통행'이라서 암호화된 코드로 내 비밀번호를 찾아내는 건 불가능해. 하지만 1234로 입력하면 컴퓨터에는 0a1b2c3d4로 바뀌어서 입력되기 때문에, 비밀번호가 올바른지 확인할 수 있어. 입력한 비밀번호가 1234에서 1235로 아주 조금만 달라져도, 컴퓨터에 입력되는 값은 9z8y7x6w5와 같이 완전히 달라지거든.

예를 들어 사과와 당근을 한꺼번에 믹서기로 갈아서 사과 당근 주스를 만들려고 해. 믹서기에 사과와 당근을 각각 넣고 믹서기를 돌려 주스로 만들었어. 주스가 된 사과와 당근은 아무리 노력해도 믹서기에 넣기 전 사과와 당근으로 돌아갈 수 없어.

- 사과와 당근 = 비밀번호
- 믹서기 = 컴퓨터
- 주스 = 암호화된 코드

이런 식이지!

이처럼 비밀번호는 안전하게 암호화되어 저장되고, 누구도 원래 값을 알 수 없게 만들어지는 거야.

숫자

물건 가격을 나타낼 때는 왜 숫자에 쉼표를 쓰는 거야?

●---- 080

물건의 가격을 표시할 때는 3자리마다 쉼표를 넣어서 1,000원, 2,000원과 같이 나타내. 숫자에 쉼표를 넣는 이유는 숫자가 길어질수록 읽기가 어려우니까, 더 쉽게 읽을 수 있도록 기준을 잡아 주는 거야.

1234567을 읽어 보라고 하면 더듬을 수 있지만, 1,234,567을 읽어보라고 하면 '일백 이십 삼만사천 오백육십칠'과 같이 쉼표를 따라 끊어 읽을 수 있게 되거든. 그런데 왜 하필 3자리마다 쉼표를 넣는 걸까?

우리나라에서는 일, 십, 백, 천, 만, 십만, …처럼 숫자를 4자리마다 끊어 읽지만, 영어권 국가에서는 다음과 같이 3자리마다 끊어 읽고 있어.

- 1,000 → one thousand(싸우전드)
- 1,000,000 → one million(밀리언)
- 1,000,000,000 → one billion(빌리언)

전 세계에서 공통으로 사용하는 아라비아 숫자가 3자리마다 구분하는 방식을 기본 원칙으로 삼고 있어. 국제적인 무역 거래를 할 때 혼란이 없도록 3자리마다 쉼표를 찍는 방식을 국제 표준으로 정한 거야.

한편, 우리나라는 '만' 단위를 사용하는 문화가 있어. 10,000이라고 쓰고 '일만'이라고 읽고, 100,000이라고 쓰고 '십만'이라고 읽지. 만 단위를 강조해서 숫자를 표기하려면, 10,000 대신 1만, 100,000 대신 10만이라고 쓰면 돼. 하지만 익숙하지 않으면 실수할 수 있어서, 우리나라에서도 큰 수일수록 쉼표를 사용해 표기하고 있어.

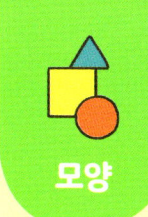

모양

왜 이각형은 없어?

081

다각형이란 '선분으로 둘러싸인 닫힌 도형'을 말해. 예를 들어, 세 개의 선분과 세 개의 각으로 둘러싸인 닫힌 도형이 삼각형, 네 개의 선분과 네 개의 각으로 둘러싸인 닫힌 도형이 사각형이지. 닫힌 도형이 되려면 선분들이 다시 시작점으로 돌아와 만나야만 해. 그럼 이각형도 만들 수 있을까?

두 개의 선분과 두 개의 각으로 닫힌 도형을 그리기만 하면 되지 않을까? 하지만 두 개의 선분은 끝이 만나지 않아 닫힌 도형을 만들 수가 없어. 몇 번만 그려보면 최소 세 개의 선분이 있어야 닫힌 도형을 그릴 수 있다는 걸 알게 되지. 기하학 체계에서는 말이야.

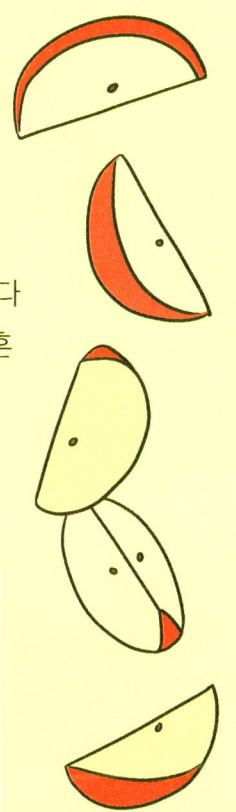

기하학은 2300년 전 수학자 유클리드(Euclid)가 정리한 것으로, 평면과 공간을 다루는 학문이야. 이를 **유클리드 기하학**이라고 불러. 유클리드 기하학은 우리가 흔히 떠올리는 2차원 평면 세계에서 점, 선, 면을 다루는 학문이야. 유클리드 기하학에서는 다음과 같은 기본 규칙 5가지를 '공리'라고 부르고, 이를 바탕으로 논리적인 수학 체계를 세웠어.

 유클리드 기하학의 주요 공리

1) 두 점 사이에는 하나의 직선만 그릴 수 있다.
2) 한 직선은 무한히 연장할 수 있다.
3) 원은 중심과 반지름을 기준으로 그릴 수 있다.
4) 모든 직각의 크기는 같다.
5) 평행선 공리 : 한 직선에 대해 한 점을 지나면서 그 직선과 평행한 직선은 단 하나 뿐이다.

그런데 수학에서는 평평하지 않은 공간, 즉 공처럼 둥근 곡면을 다루는 기하학(비유클리드 기하학)을 따로 정의하기도 해. 실제로 공처럼 둥근 표면에서는 이각형을 만들 수 있어. 다만 여기서 말하는 선분은 직선이 아니고, 공처럼 휘어진 곡선이야. 이 이각형 도형은 마치 사과 한 조각과 닮았어.

생활

세상에서 가장 짧은 시간은 몇 초야?

•---082

'찰나의 순간'이라는 표현을 들어 본 적 있어? 찰나는 불교에서 사용하는 시간의 최소 단위인데, 1초를 75개로 나눈 것 중에 하나라고 해. 즉 찰나는 약 0.013초 정도로 계산할 수 있지. 그렇다면 찰나보다 더 짧은 시간도 정의할 수 있을까?

과학자들은 전기 신호가 뇌에서 전달되는 시간을 약 0.001초라고 정의하고, 이를 1**밀리초**(millisecond)라고 불렀어. 이는 1초를 1000등분한 것 중 하나(10^{-3}초)인 셈이지.

또, 빛이 1미터를 이동하는 시간은 약 0.000000003초라고 정의하고, 이를 3**나노초**(nanosecond)라고 말했지. 이는 1초를 10억 등분한 것 중 세 개(3×10^{-9}초)야.

과학자들은 원자나 전자가 움직이는 순간까지 측정할 수 있는 시간의 단위가 필요해서 점점 더 짧은 시간을 정의하기 시작했어. 빛이 머리카락 두께(약 0.3마이크로미터)만큼 이동하는 데 걸리는 시간을 1**펨토초(femtosecond)**라고 하는데, 1펨토초는 10^{-15}초이고 1초를 1000조 등분한 것 중 하나야. 소수로 나타내면 0.000000000000001초와 같아.

또, 카메라로 전자가 움직이는 걸 촬영하려면 **아토초** 단위가 필요해. 1아토초(attosecond)는 10^{-18}초이고, 이는 1초를 100경 등분한 것 중 하나야. 이는 빛이 수소 원자 하나를 지나가는데 걸리는 시간과 같다고 해.

마지막으로 과학자가 정의한 세상에서 가장 짧은 시간 단위는 '**플랑크 시간(planck Time)**'이야. 1플랑크 시간은 10^{-43}초=0.0000000000000000000000000000000000000000001초이고, 빛이 플랑크 길이(planck length)=0.00000000000000000000000000000000001m'를 이동하는데 걸리는 순간이라고 정의해. 하지만 플랑크 시간은 너무 짧아서 우리는 절대 느낄 수 없어.

환경

별똥별을 볼 확률은?

083

별똥별을 보면 소원이 이루어진다고 하지! 본 적 있니? 별똥별을 볼 확률은 얼마나 될까?

우주에는 많은 작은 먼지와 운석 조각이 떠다니고 있어. 이것들이 지구 대기권으로 들어올 때 공기와 부딪혀 타오르면서 빛나는 줄이 생기는데, 이게 바로 **별똥별**이야. 운석 조각과 공기 사이에 마찰이 생기면, 마찰 때문에 조각이 뜨거워지고 빛이 나는 거지. 이때 운석의 속도는 시속 약 5만 km~10만 km로 아주 빠른 편이야. 자동차가 고속 도로에서 빠르게 달리는 속도가 시속 100km 정도니까, 별똥별은 자동차보다 500배나 빨리 움직이고 있는 셈이지. 비행기는 시속 약 1000km에 가까우니까, 비행기보다도 100배나 빠른 속도로 움직여.

우리가 별똥별을 볼 **확률**을 직접 계산해 보자. 먼저 하루에 얼마나 많은 운석 조각이 지구 대기권 안으로 들어오는지 알아야 해. 평균적으로 매일 약 2만 5000톤의 운석 조각이 지구 대기권으로 들어온대. 하지만 운석 조각 대부분 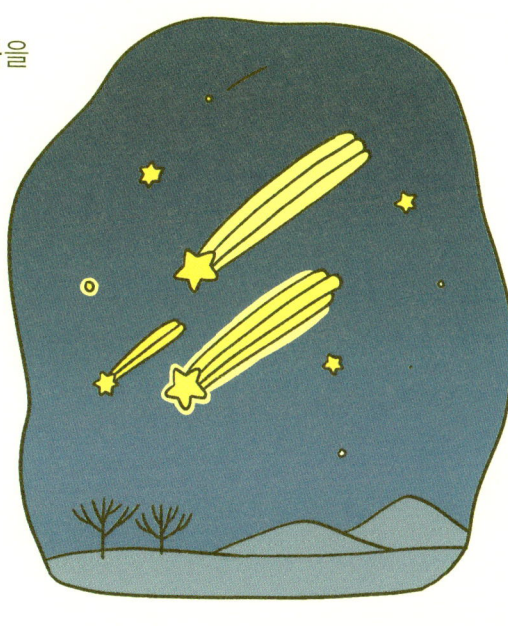 은 크기가 너무 작아서 눈에 보이지 않아. 사람이 볼 수 있는 운석 조각의 크기는 약 1mm~몇 cm 이상은 돼야 한대. 연구에 따르면 사람 눈으로 볼 수 있는 운석 조각은 2만 5000톤 중 1% 미만이라고 해.

또, 별똥별은 아주 어두운 곳에서 관찰해야 볼 수 있어. 24시간 중 절반(50%)은 낮 시간이라 햇빛 때문에 보이지 않고, 밤이라고 해도 빛 공해가 없는 지역(20%)에서만 볼 수 있다고 하니 아주 희박한 확률이지.

게다가 별똥별의 속도가 비행기 속도보다도 100배 이상 빠르다고 하니 이 또한 별똥별이 지나가는 순간을 놓치기 쉽지. 만약 별똥별을 본다면? 정말 행운아라고 할 수 있지!

컴퓨터

알고리즘이 대체 뭐야?

084

알고리즘이란 단어를 한 번씩 들어봤을 거야. SNS나 동영상 사이트에서 우리가 좋아할 만한 콘텐츠를 추천해주는 시스템을 '알고리즘'이라고 하지. 사전에 '알고리즘'이라는 단어를 검색하면 '어떤 문제를 풀기 위해 순서를 정리한 계획'이라고 나와. 대체 알고리즘이란 뭘까?

원래 알고리즘이란 단어는 9세기 페르시아의 수학자 알콰리즈미(Muhammad al-Khwarizmi)의 이름에서 유래했어. 알콰리즈미는 덧셈, 뺄셈, 곱셈, 나눗셈과 같은 계산법과 방정식을 푸는 방법을 체계적으로 정리했어. 그 뒤로 문제를 단계적으로 해결하는 방법을 알콰리즈미의 이름을 본떠 알고리즘이라고 부르게 된 거야.

수학에서는 **어떤 문제를 풀기 위해 따라야 하는 규칙과 순서**를 **알고리즘**이라고 말해. 예를 들어 나눗셈 알고리즘은 25÷5를 푸는 과정을 이야기해.

1. 나눗셈 기호와 두 수를 확인한다.
2. 5를 몇 번 더해야 25가 되는지 찾는다.
3. 5를 5번 더하면 25가 되는 걸 확인한다.
4. 나눗셈 연산의 정답은 5!

이렇게 문제를 푸는 과정 자체를 알고리즘이라고 불러.

그럼 컴퓨터에서의 알고리즘은 어떤 걸 말할까? 컴퓨터에서도 **어떤 문제를 해결하거나 데이터를 처리하는 과정**을 알고리즘이라고 불러. 예를 들어 컴퓨터에 'd, c, a, b'를 입력하고, 이를 '알파벳 순서대로 정리해줘'라는 명령어를 넣으면, 컴퓨터는 다음과 같은 알고리즘을 따라 작업을 진행해.

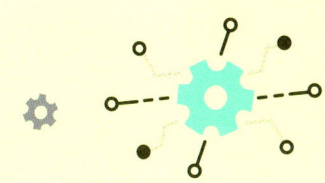

1. d, c, a, b를 코드 아스키(ASCII)로 변환하기
2. d → 100, c → 99, a → 97, b → 98
3. 코드를 이진수로 변환하기
4. d → 100 → 1100100$_{(2)}$
   c → 99 → 1100011$_{(2)}$
   a → 97 → 1100001$_{(2)}$
   b → 98 → 1100010$_{(2)}$
5. 가장 작은 숫자 찾기 → 1100001$_{(2)}$ → a
6. 그 다음 작은 숫자 찾기 → 1100001$_{(2)}$, 1100010$_{(2)}$ → a, b
7. 이 과정을 반복하기 → a, b, c, d

그렇다면 SNS나 동영상 추천 알고리즘은 왜 '알고리즘'이라고 부를까? 알고리즘은 어떤 '문제'가 정의되면, 이를 잘 풀어내는 '해결사'라고 생각하면 돼. 여기서는, '추천 프로그램'이 바로 알고리즘인 셈이지.

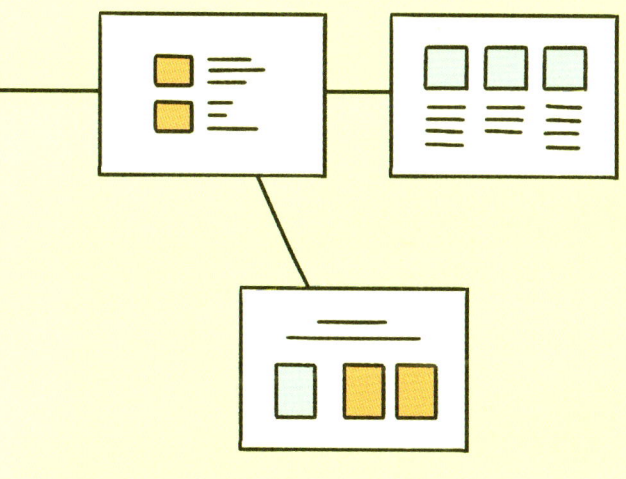

1. 문제 : 사용자가 어떤 영상(또는 게시글)을 좋아할지 예측하기 어렵다.

   ↓

2. 해결 방법 : 사용자가 좋아할 만한 영상(또는 게시글)을 예측해서 추천한다.

   ↓

3. 과정 : 사용자의 데이터를 분석하고, 좋아할 확률을 계산해 확률이 높은 영상(또는 게시글)을 자동 추천하는 프로그램을 만든다.

이처럼 수학 문제를 푸는 것도, 컴퓨터 명령어를 처리하는 것도, 동영상을 추천해주는 것도 모두 '알고리즘'이 필요한 일이야.

행운의 숫자는 누가 정하는 거야?

085

흔히 7을 보고 행운의 숫자라고 하지. '럭키 세븐'이라는 말이 있을 정도니까. 7이 행운의 숫자라는 건 누가 정한 걸까?

고대 그리스의 수학자 **피타고라스**는 숫자에 철학적이고 신비로운 의미를 담았어. 당시에는 수학, 철학, 과학, 천문학을 세상을 이해하기 위한 하나의 학문으로 여겼기 때문에, 수학자가 철학적인 질문을 탐구하는 일은 흔했거든.

피타고라스는 '수가 세상의 기본 원리'라고 믿었어. 예를 들면 **숫자 3**과 삼각형이 연결되며, '안정성과 조화'를 상징한다고 믿었어. **숫자 4**는 정사각형과 연결되며 '평등과 정의, 완전함'을 상징했지. 그리고 이 둘을 더한 **숫자 7**은 '마법의 수'라고 불렀어. 그 이유는 1부터 10까지의 수 중에서 7만 유일하게 다른 수의 곱이나 나눗셈으로 표현할 수 없었기 때문이야.

예를 들어 $1=2÷2$, $2=4÷2$, $3=6÷2$, $4=2×2$, $5=10÷2$, $6=2×3$, $8=2×4$, $9=3×3$, $10=5÷2$로 나타낼 수 있는데, 유일하게 7은 다른 수로 표현할 수 없었어. 그래서 피타고라스는 7을 마법과 같이 완벽한 수라고 여기고 신성하게 여겼어.

물론 피타고라스의 영향만으로 행운의 숫자 7이 탄생했다고 말할 순 없지만, 피타고라스가 7의 특별함을 발견한 건 확실해.

모양

알약은 왜 모두 동그랗거나 타원형일까?

●---- 086

어렸을 때 감기에 걸리면 약국에서 주로 가루약과 시럽약을 받아. 그리고 고학년이 되면 몇몇 친구는 가루약 대신 간편한 알약을 먹곤 하지. 그런데 알약의 모양은 다 동그랗거나 타원형이야. 왜일까?

만약 알약이 직육면체 모양이라면, 모서리나 꼭짓점 부분이 뾰족해 목에 상처가 나고 말 거야. 알약을 부드럽게 넘기기 위해 둥근 표면으로 만든 이유도 있지만, 또 다른 수학적인 이유도 있어.

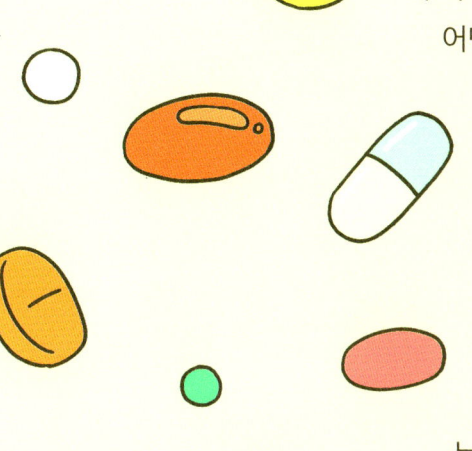

수학자들은 약이 몸속으로 들어가 어떤 속도로 녹고 어떻게 흡수되는지를 계산하는 방정식을 만들어. 이 속도를 정확하게 알아야 알약의 코팅을 어느 수준으로 할지, 알약의 크기를 어느 정도로 할지 결정하고 시간이 지나도 약물이 일정한 속도로 흡수되는지를 정할 수 있어.

예를 들어, 얼음을 생각해 보자. 정육면체 모양의 각 얼음을 상온 0 ℃에 꺼내 놓으면, 시간이 지남에 따라 서서히 녹을 거야. 이때 덩어리가 큰 얼음일수록 천천히 녹고, 잘게 부순 얼음일수록 빨리 녹잖아.

알약도 마찬가지야. 같은 양이라도 크기가 작은 알약 여러 개가 **표면적 겉넓이**가 더 커서 빨리 녹는다는 말이지. 그래서 알약의 표면적을 더 크게 하기 위해 알약의 모양과 구조를 조정해. 표면적이 커지면 약물이 우리 몸에 닿는 면적도 커져서 더 빨리 녹을 수 있거든.

사람은 몇 가지 색을 볼 수 있어? •---087

세상엔 정말 다양한 색이 있어. 평소에 자주 사용하는 색연필, 크레파스, 물감만 떠올려 봐도 50가지는 넘지. 그럼 사람의 눈은 몇 가지 색을 볼 수 있을까?

사람의 눈에는 빛을 감지하고 색을 구별하는 역할을 하는 '**원추 세포**'가 있어. 사람마다 약 600만 개에서 700만 개의 원추 세포가 있고, 보통 빨강, 초록, 파랑 빛을 감지하는 세 종류로 구분돼 있어. 사람마다 원추 세포가 작동하는 정도가 모두 달라서, 어떤 사람은 특정 색 구분에 어려움을 겪기도 하고, 어떤 사람은 더 많은 색을 구분하기도 해.

빛은 에너지여서 마치 물결이 출렁이는 것처럼 움직이며 우리 눈으로 들어와. 이걸 **파장**이라고 하는데, 색에 따라 파장의 길이가 모두 달라. 그래서 무지개도 빨, 주, 노, 초, 파, 남, 보로 볼 수 있는 거거든. 빨간색이 가장 파장이 길고, 보라색으로 갈수록 파장이 짧아.

빨간색 물감과 파란색 물감을 섞어서 보라색으로 만들어 본 적 있어? 사람의 눈도 마찬가지야. 빨강과 파랑을 섞어 보라를 감지하고, 빨강과 초록을 섞어 노랑을 감지하는 원리지. 우리 눈과 뇌가 파장이 다른 빛 에너지를 세 종류의 원추 세포로 감지하고, 이를 조합해서 세상을 다양한 색으로 구별할 수 있는 거야.

원추 세포는 빛 자극의 강도에 따라 0에서 220단계 정도까지 구별한대. 세 종류의 세포가 활약하니 220×220×220=10,648,000, 약 1000만 가지 색을 구별할 수 있는 거야. 놀랍지?

환경

비닐봉지 대신 에코백을 쓰면 환경오염을 막을 수 있어?

088

비닐봉지는 플라스틱으로 만들어. 자연에서 썩는데 최소 500년이 걸린대. 거의 썩지 않는 것이라고 볼 수 있지. 썩지 않은 채 바다로 흘러 들어가게 되면 바다 생물에게 큰 피해를 줘서 엄청난 사회 문제로도 떠오르고 있어. 그래서 최근에는 사람들이 비닐봉지 대신 재활용이 가능한 소재로 만들어진 에코백을 많이 사용하고 있어. 에코백은 환경 오염에 도움이 될까?

중요한 건, 에코백 1개를 꾸준히 1년 동안 사용해야만 연간 420개의 비닐봉지 사용을 줄일 수 있다는 거야. 놀랍게도 에코백 1개를 만들려면 비닐봉지 2만 개를 만들 때만큼의 물이 필요하대. 환경을 지키려고 사용하는 건 좋지만, 에코백을 만들 때 사용되는 물과 에너지를 잊어서는 안 되겠지. 너무 많은 에코백을 사는 건 오히려 환경에 좋지 않아.

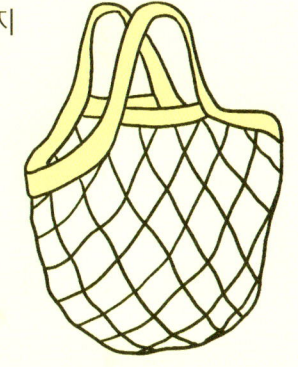

텀블러도 마찬가지야. 종이컵 1개를 만들 때 나무 0.01그루와 물 약 3L가 필요하다고 해. 또한, 사용한 뒤 버려지면 분해되기까지는 약 20년이 걸린대. 종이컵은 주로 한 번만 사용하고 버리기 때문에 에너지 낭비가 엄청나지. 그런데 텀블러는 처음 만들 때 플라스틱, 금속 등 새로운 자원이 필요해. 이는 종이컵 1개를 만들 때 드는 에너지와 비교해 환산하면 종이컵 50개에서 100개를 만드는 데 필요한 에너지와 비슷해.

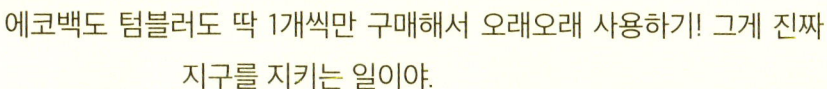

에코백도 텀블러도 딱 1개씩만 구매해서 오래오래 사용하기! 그게 진짜 지구를 지키는 일이야.

사람이랑 컴퓨터가 대결하면 누가 이겨?

089

특히 컴퓨터는 아주 똑똑해서 사람이 어려워하는 계산도 대신하고, 알고 싶은 정보도 빠르게 찾아서 알려줘. 그럼 사람이랑 컴퓨터가 대결하면 누가 이길까?

그거 아니? 1960년대에는 컴퓨터가 사람이었다는 사실! 당시 미국과 러시아는 우주 분야에 최고가 되고 싶어서 치열하게 경쟁을 하던 중이었어. 러시아가 조금 앞서가자, 미국은 항공우주국(NASA)이라는 연구기관을 세우고, 전 세계에서 관련 분야의 최고 전문가를 불러 모았지.

NASA 안에는 세부 연구 분야에 따라 여러 본부와 연구소가 있었어. 그중 한 부서는 '데이터 분석'을 담당했어. '빅데이터'라는 단어가 익숙한 요즘이지만, 당시에는 중요하고 많은 '데이터'를 어떻게 관리해야 하는지도 체계가 없었거든. 이 부서는 NASA의 랭글리 연구소라는 곳이었는데, 그곳 사람들은 주로 인공위성 궤도와 우주선의 이착륙 위치를 계산하는 업무를 맡았어. 이때 계산하는 업무를 맡았던 사람들을 '**컴퓨터**(또는 전산원, 계산원)'라고 불렀던 거야.

실제로 당시 NASA에서 컴퓨터로 활약하던 사람 컴퓨터로 가장 잘 알려진 사람은 천재 수학자 **캐서린 존슨**이야. 캐서린은 '대체 불가능한' 뛰어난 실력과 정확함으로 우주비행사인 존 글렌의 무한한 신뢰를 얻었다고 해. 당시 궤도 계산을 돕던 최신식 컴퓨터 결과보다 '캐서린의 결과'를 더 믿고 따랐다는 일화도 있어.

이처럼 과거 어떤 사람들은 컴퓨터보다 계산 실력이 뛰어나다는 평가를 받았지만, 사실 오늘날은 컴퓨터와 사람이 '계산 대결'을 하면 무조건 컴퓨터가 이기지. 컴퓨터는 아주 빠른 속도로 수를 연산할 수 있는데다가 절대 실수란 없으니까.

하지만 컴퓨터도 약점이 있어. 사람이 만든 프로그램으로 일하기 때문에, 새로운 생각이나 독창적인 아이디어를 떠올리는 건 어려울 수 있어. 그래도 최근에는 인공지능(AI) 기술이 발전하면서 과거 데이터를 학습해 그동안 세상에 없었던 새로운 조합으로 아이디어를 만들기도 해. 하지만 여전히 완벽히 새로운 걸 만들어 내는 일은 사람이 더 잘하는 편이지.

또, 체스나 바둑과 같은 전략적인 게임에서는 때론 사람이, 때론 컴퓨터가 이기고 있어. 왜냐하면 컴퓨터는 사람의 전략을 빠르게 학습해서 모든 경우의 수를 계산해 최적의 선택을 할 수 있거든.

실제로 1996년에 세계적인 컴퓨터 회사였던 IBM이 개발한 체스 인공지능 프로그램인 '딥블루'와 당시 세계 체스 챔피언이었던 **가리 카스파로프**와의 체스 대결이 열렸어. 결과는 카스파로프가 이겼지. 하지만 1997년에 열린 재대결 경기에서는 딥블루가 카스파로프를 이겼어. 처음으로 컴퓨터가 세계 챔피언을 이긴 역사적인 순간이었지.

이처럼 사람과 컴퓨터의 대결은 무슨 대결을 하느냐에 따라 결과가 달라져. '컴퓨터'라는 직업이 있을 정도로 계산에 탁월했던 사람도 오늘날에는 컴퓨터를 절대 이길 수 없어. 하지만 여전히 사람은 새롭게 상상하는 일에 강점이 있지. 그래서 사람과 컴퓨터가 함께 협력하는 게 가장 멋진 방법이야.

숫자

옷 사이즈는 왜 브랜드마다 다 달라?

090

옷을 사러 갈 땐 항상 고민이야. 브랜드별로 사이즈가 조금씩 다르거든. 어떤 브랜드는 85, 90, 95로, 어떤 브랜드는 S(small), M(medium), L(large)로 사이즈를 구분해. 왜일까?

옷을 만들 때는 사람들의 평균적인 몸 크기를 바탕으로 사이즈를 나눠. 가슴둘레, 허리둘레, 엉덩이둘레와 같은 신체 치수를 기준으로 삼아서 사이즈를 결정하는 거야. 예를 들어 반팔 티셔츠의 사이즈를 정할 때, 가슴둘레가 85cm이면 S, 95cm이면 M과 같이 말이야.

그래서 남자와 여자가 같이 입을 수 있는 디자인의 옷을 만드는 브랜드는 가슴둘레를 기준으로 80, 85, 90, 95, 100, 105, 110, 115, 120과 같이 다양한 사이즈의 옷을 팔 때 숫자를 사이즈로 표시해. 한편, 디자인에 따라 세밀한 구분이 필요 없는 옷을 파는 브랜드는 가슴둘레가 80cm 이상 85cm 이하면 S, 90cm 이상 95cm 이하면 M과 같이 사이즈를 S, M, L로만 구별해 옷을 만들어 팔기도 하지.

또, 사람의 체형은 나라마다 다르기 때문에 같은 M 사이즈라도 옷의 크기와 기준이 다를 수 있어. 체형이 작은 한국, 일본, 베트남 등 사람들을 위해 만든 옷은 XXS(extra extra small), XS(extra small), S(small)과 같이 작은 사이즈의 옷이 세분화돼 있기도 하고, 미국은 더 크고 넉넉한 체형을 기준으로, 유럽은 팔다리가 긴 사람 사람들을 위해 소매 길이가 더 길게 만들어지기도 해.

피라미드는 왜 삼각뿔 모양일까?

●---**091**

피라미드는 고대 이집트 문명의 대표적인 건축물이야. 기원전 2600년경부터 본격적으로 우리가 알고 있는 삼각뿔 모양으로 건축되기 시작했대. 근데 왜 하필 삼각뿔 모양일까?

고대 이집트 사람들은 태양신을 가장 중요하게 여겼어. 그래서 태양에서 빛이 내려오는 모습과 가장 닮은 도형인 삼각뿔을 피라미드 모양으로 만든 거야. 피라미드를 거대하게 만든 이유도, 피라미드를 크게 만들수록 하늘에 가까이 갈 수 있다고 믿었기 때문이야. 피라미드의 뾰족한 꼭대기가 태양과 연결된다고 생각했거든.

삼각뿔 모양의 피라미드가 있기 전에는 '마스타바'라는 벽을 수직으로 세운 낮은 직사각형 모양의 무덤을 사용했대. 그러다 점점 더 층을 쌓아 올려 계단식 피라미드가 등장했어. 그런데 계산식으로 무작정 높이 쌓아 올리다 보니 무게 때문에 피라미드가 무너질 위험이 커졌지. 그래서 피라미드의 윗부분을 굽은 모양으로 설계하기 시작했고 그러다 오늘날의 **삼각뿔** 모양의 피라미드가 완성된 거야.

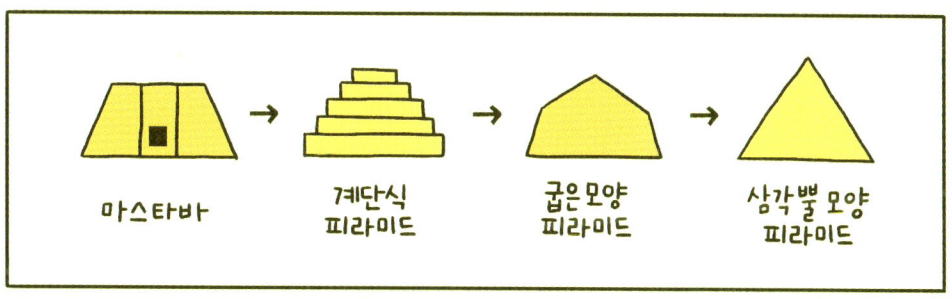

고대 피라미드는 돌을 쌓아 올리는 방식으로 건축했기 때문에, 무게가 아래쪽으로 고르게 분산되는 삼각뿔 형태가 가장 완벽하고 안정적인 구조라고 여겼어. 특히 기자(이집트의 도시)의 대피라미드는 밑변의 길이와 높이의 비율이 약 22/7로, **황금비**(1:1.618)에 가깝게 지어졌다고 해. 이러한 황금비는 고대부터 아름다움과 조화의 상징으로 여겨졌어. 피라미드는 수학적으로도 완벽한 건축물이라고 해도 과언이 아니지.

생활

봉지 과자에 질소를 넣는 이유는?

092

맛도 모양도 가지각색인 봉지 과자. 그런데 봉지 과자는 항상 풍선처럼 빵빵하게 부풀어 있어. 만약 이렇게 포장하지 않으면 어떤 일이 벌어질까?

질소는 인체에 무해한 가스로, 과자 봉지 안에서 과자가 부서지지 않는 역할을 해. 마치 자동차의 에어백처럼 말이야. 만약 과자를 질소 없이 포장한다면, 운반 과정에서 과자가 쉽게 부서져 상품성을 잃을 수도 있어. 그래서 과자를 포장할 때 질소를 함께 넣어 봉지를 풍선처럼 빵빵하게 부풀리고, 이 공기 쿠션이 외부의 충격으로부터 과자를 보호하게 하는 거야.

또, 질소는 과자가 신선하게 유지되도록 돕는 역할도 해. 특히 기름으로 튀겨진 과자는 공기 중 산소와 만나면 쉽게 상할 수 있거든. 그런데 질소가 산소를 대신해 과자를 보호하는 역할을 하는 거야.

최근 물가가 오르면서 우리는 '질소를 사야 과자를 먹을 수 있다'는 우스갯소리를 하지. 그런데 원래 과자 봉지는 전체의 20~30%를 과자로 채우고, 나머지 70~80%를 질소로 채워야 하는 거래. 질소를 너무 많이 넣으면 봉지가 터질 위험이 있고, 너무 적게 넣으면 보호 효과가 떨어져서 과자를 20~30%만 채우는 것이 가장 안전한 비율이라고 해. 봉지 크기와 과자 용량에 따라 철저하게 계산된 질소인 줄도 모르고, 그동안 단단히 오해하고 있었네.

 환경

모래시계는 어떻게 시간을 정확하게 잴까?

093

모래시계는 모래가 좁은 통로를 통과하는 시간을 이용해 시간을 측정해. 중력 때문에 모래가 위에서 아래로 일정하게 떨어지지. 모래 입자의 크기, 통로의 크기, 모래의 양 등으로 시간을 정확하게 맞출 수 있어.

- **모래 입자 크기 통일** : 모래 입자를 고르게 만들어야 모래가 흐르는 속도가 일정해져.

- **통로 크기 조절** : 모래가 내려오는 통로를 더 넓히거나 좁혀서 모래가 흐르는 속도를 조절할 수 있어.

- **모래 양 조절** : 모래시계가 측정하고 싶은 시간을 늘리거나 줄이고 싶다면 모래의 양을 더 많이 넣거나 빼서 조절할 수 있어.

실제로 모래시계가 측정하는 시간은 다음과 같은 방정식으로 철저하게 계산할 수 있어. 이 방정식을 통해 모래시계가 정한 시간 내에 정확히 모래가 전부 쏟아질 수 있도록 설계하는 거야.

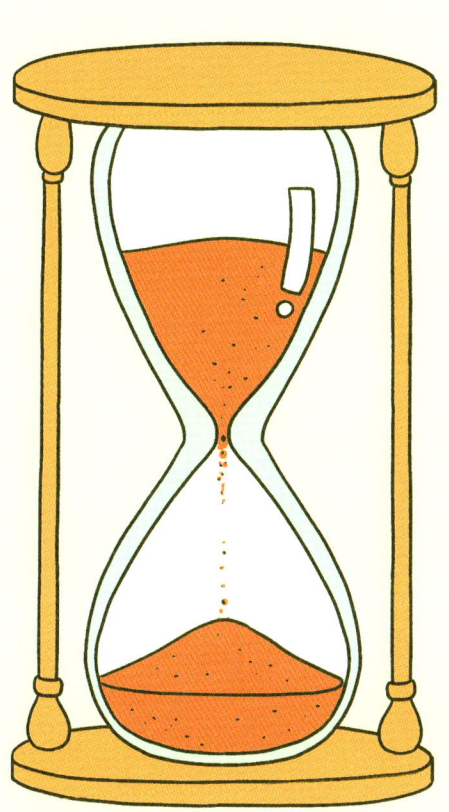

(모래시계의 시간) = (모래의 양) ÷ (1초당 모래가 흐르는 양)

예를 들어 모래가 100g이고, 1초에 2g씩 통로를 통과한다면, 100÷2=50, 이 모래시계는 50초 동안 모래가 모두 통과한다는 말이야.

한 가지 더, 공기의 흐름도 모래시계의 속도에 영향을 줘. 만약 주변보다 기압이 높은 환경에 놓이면, 공기가 모래가 흐르는 흐름을 방해해서 더 천천히 흐를 수 있어.

컴퓨터

SNS 게시물이 알고리즘에 타는 방법은?

094

SNS 알고리즘은 사람들이 어떤 게시물을 좋아할지 분석하고 예측해서, 가능한 많은 사람이 볼 수 있도록 퍼뜨리는 역할을 해. 어떤 원리가 있는 걸까?

알고리즘은 먼저 내 게시물에 반응한 사람들의 행동을 점수로 바꿔서 '인기 점수'를 측정해. 예를 들어 '좋아요'는 1점, '댓글'은 2점, '공유하기'는 3점으로 기준을 정하는 거야. 그런 다음 누가 이 게시물을 봤는지 분석해. 어떤 사람이 이 게시물을 몇 초 이상 봤는지, 원래 친구였는지 아닌지를 따져보는 거지. 만약 어떤 게시물이 인기 점수도 높고, 친구가 아닌 사람에게 반응도 높다고 판단이 들면 알고리즘은 더 많은 사람에게 이 게시물을 노출하기 시작해. 마치 바이러스가 퍼지는 것처럼 말이야.

또한, 알고리즘은 평소 내가 어떤 주제의 게시물에 '좋아요'를 많이 누르는지, 어떤 분야에 관심 있는 친구와 자주 소통하는지를 관찰하고 분석해. 그러면서 자연스럽게 사용자의 취향을 거미줄처럼 연결해서 그려 놓고, 관심이 어떤 분야에 쏠리는지 지켜봐. 단순히 추측이 아니라, 알고리즘은 수학적으로 연결의 강도를 측정해서 관심이 쏠리는 분야를 더 두껍고 단단한 선으로 연결해 주는 거지.

그래서 알고리즘은 때로는 친한 친구보다도 내 마음을 잘 알고, 내가 뭘 좋아할지, 어떤 게시물을 즐겨보는지 미리 알고 있는 거야.

> 내 취향을 꿰뚫고 있네! 이 정도면 친구보다 나를 더 잘 알아!

숫자

돈은 왜 동전과 지폐로 나뉘어 있을까?

095

돈의 역사를 알아볼까? 최초의 동전은 기원전 7세기경 현재 튀르키예 지역인 리디아 왕국에서 만들어졌어. 동전은 전자(엘렉트럼, Electrum)이라는 금과 은을 합해 만들고 왕을 상징하는 문양을 새겨 넣어 신뢰성과 가치를 보장했어. 그 뒤로 동전은 고대 그리스, 로마 제국 등으로 퍼져 나갔고 사람들은 금화, 은화는 물론 구리로 만든 동전 등을 사용하여 물건을 사고 팔았어.

그렇다면 최초의 **화폐**는? 8세기 중국 당나라에서 교자라는 이름으로 발행됐어. 중국 상인들이 금속 화폐 대신 신뢰할 수 있는 종이 증서로 거래를 하면서부터 시작됐지. 금속으로 된 동전은 무거워서 거래량이 늘어날수록 불편했거든. 유럽에서는 1661년 스웨덴에서 최초로 지폐가 발행됐고, 그 무렵부터 사람들은 동전과 지폐를 구분해서 사용하기 시작했어.

동전은 제작 비용이 높은 것으로도 악명이 높아. 실제로 우리가 사용하는 10원짜리 동전은 2021년 기준 제조 비용이 약 20원으로 보고됐고, 100원짜리 동전은 2007년 기준으로 약 104.6원이라고 알려졌어. 그럼에도 불구하고 적은 금액을 거래할 땐 동전이 편리해 아직 많은 나라에서 사용하고 있지.

한편, 지폐는 동전보다 제작 비용이 적고 대량 생산이 쉽지만 쉽게 손상돼 교체 주기가 짧아.

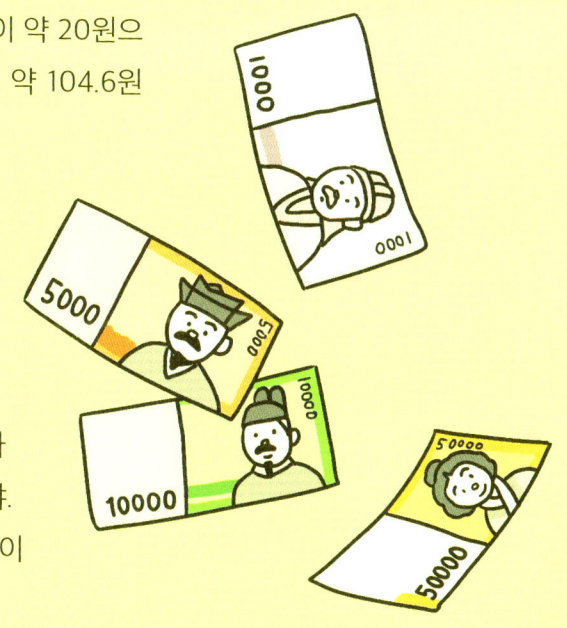

최근 우리나라에서는 동전이나 지폐와 같은 현금 사용이 줄고, 카드나 디지털 결제로 대체되는 추세야. 하지만 여전히 어린이들이나 어르신들, 카드 발급이 어려운 사람들에게는 현금이 유용하게 쓰이고 있어.

만화책은 왜 칸을 나눠 그림을 그릴까?

096

만화는 작가가 전달하는 이야기와 메시지를 시간의 흐름에 따라 극적으로 잘 전달하는 기술이 필요해. 어떤 사건은 장면 칸을 크게 배치해 눈길을 끌고, 소소한 장면은 대사만으로 처리하기도 하지. 이처럼 만화는 정해진 틀 안에서 칸을 나눠 서사를 전달하는 거야. 만약 만화책에 칸이 없다면 어떤 혼란이 생길까?

우선 독자가 어떤 순서로 읽어야 할지 몰라 헷갈릴 수 있어. 일반적으로 우리나라에서는 왼쪽에서 오른쪽으로, 위에서 아래로 읽는 방식에 익숙하지. 그런데 만약 칸을 나누지 않고 한 페이지에 모든 정보를 담는다면, 중요한 정보를 놓칠 수도 있어. 예를 들어 첫 번째 칸에는 아침에 있었던 장면을, 두 번째 칸에는 저녁에 있었던 장면을 그려. 그러면 한 페이지에서 시간의 흐름을 한눈에 알 수 있지.

만화의 칸 구성은 대부분 독자가 시각적으로 편안함을 느끼도록 설계돼. 일반적으로 한 페이지를 3×3(가로 3칸, 세로 3칸), 2×3(가로 2칸, 세로 3칸)과 같이 기준을 정하고 그리기 시작해. 이를 '**그리드**(grid)를 잡는다'고 표현하는데, 이 작업은 만화책뿐만 아니라 다른 소설책이나 잡지, 신문을 디자인할 때도 중요한 작업이야.

생활

왜 핫초코는 찬물에 타면 안 돼? ---097

핫초코 가루는 따뜻한 물이나 우유 속에서 녹으며 맛을 내. 혹시 찬물에 타 본 적 있는 사람? 찬물에 타면 어떻게 될까?

코코아 가루와 우유 비율이 딱 좋아! 수학 덕분이야~

찬물은 초콜릿을 굳게 만들어. 왜냐하면 초콜릿 속에는 지방(코코아 버터)이 있는데, 지방은 찬물에서 굳어 버리거든. 그래서 핫초코를 만들 때는 지방이 제대로 녹을 수 있는 적당한 온도, 초콜릿의 풍미를 살릴 수 있는 설탕의 **비율**을 조절하면 만족도를 높일 수 있어.

만약 코코아 가루가 물이나 우유에 비해 적다면, 싱거운 핫초코가 완성되겠지. 반대로 코코아 가루가 물의 양에 비해 너무 많으면 되직해져서 먹기가 힘들지도 몰라. 이처럼 음료를 만들 때도 재료가 조화롭게 섞이는 게 중요해. 물론 경험을 통해 감각적으로 익힐 수도 있지만, 과학적으로 증명된 레시피, 수학적으로 계산된 완벽한 비율을 따르면 훨씬 더 만족스러운 결과물을 얻을 수 있어. 이건 핫초코뿐만 아니라 모든 요리에 해당되는 이야기야. 이런 게 수학적 사고로 얻을 수 있는 일상 속 작은 기쁨이지.

돌고래는 어떻게 초음파로 소통할까?

●--- 098

돌고래는 초음파를 이용해 의사소통해. 특히 초음파는 물속에서 잘 전달되는데, 돌고래는 이 초음파를 사용해서 주변 다른 지형이나 생물들과의 거리와 방향, 크기를 알아낼 수 있다고 해. 어떻게 초음파로 소통하는 걸까?

만약 돌고래가 주변 선박과의 거리를 알고 싶어서 선박을 향해 초음파를 발사하면, 초음파는 선박을 만나는 순간 반사돼 다시 돌아올 거야. 돌고래는 초음파가 되돌아오는 데 걸리는 시간을 감지하고, 그 시간으로 선박과 자신 사이의 거리를 가늠할 수 있어.

물속에서 소리의 속도가 초속 1500m/s 정도이고, 초음파가 선박에 부딪히고 되돌아오기까지 걸린 시간을 0.4초라고 하자. 그러면 이 시간을 절반으로 나눈 다음, '**거리=속력×시간**' 공식에 넣어 거리를 예측하는 거지. 따라서 돌고래부터 선박까지의 거리는 1500×0.2=300m가 돼.

이처럼 돌고래는 물체에 반사된 초음파의 강도와 주파수를 감지해 물체와 자신의 거리와 물체의 크기, 물체의 이동 속도도 예측할 수 있어. 수학 책에서 설명할 때처럼 정확하게 300m라고 측정하지는 못하겠지만, 거리를 예측하고 자신을 보호하는 능력을 갖추고 있다는 점이 놀랍지.

인터넷은 데이터를 어떻게 전송할까?

컴퓨터

099

인터넷은 우리가 휴대 전화나 컴퓨터로 정보를 주고받을 수 있게 해 주는 '보이지 않는 길'이야. 이 길을 통해 수많은 데이터가 오고 가지. 각 데이터는 크기가 전부 달라서, 전송하기 쉽게 잘게 나누고 보내고 다시 조합하는 과정이 중요해.

내가 전송하는 파일은 '사진 1장'이지만, 이 파일은 100개의 파일 조각, 즉, **패킷(Packet)**으로 나뉘어 전송돼. 이때 100개의 조각은 순서대로 다 번호가 적혀 있고, 어디로 도착해야 하는지 주소도 기록돼 있어. 이 파일 조각들은 네트워크를 통해 목적지로 보내져. 어떤 서버나 내 친구의 컴퓨터가 목적지가 되지. 이때 네트워크는 도로와 같아서 파일 조각은 가장 빠른 길을 선택해 이동하곤 해.

이렇게 도착지에 파일 조각이 도착하고 나면, 순서대로 다시 조립되어 원래 파일을 만들어. 사진의 조각을 다시 1번부터 100번까지 차례로 모아서 하나의 사진으로 복구하는 거야.

모양

운동장 달리기 트랙은 왜 타원 모양일까?

●---**100**

운동장 달리기 트랙은 한 번에 여러 명이 출발해 공정하게 경기를 할 수 있도록 타원 모양으로 설계돼 있어. 타원은 직선과 곡선이 만나 조화를 이루고 있어서 달리기 경기에 알맞은 도형이야.

달리기에 있어 **직선 구간**은 선수들이 가장 빠르게 달릴 수 있는 구간이어서 중요해. 하지만 직선 구간만 있으면 트랙이 끝없이 길어져 장거리 달리기 경기를 치르기엔 어려울 수 있지.

달리기 경기가 대중화되면서 오늘날의 타원 모양 트랙이 표준으로 자리 잡기 시작했어. 달리기 트랙이 너무 길어지지 않게 **곡선 구간**을 넣어 연결한 거야. 곡선 구간은 아무래도 방향이 바뀌어 속도가 조금 느려질 수 있어. 그래서 오늘날의 트랙은 곡선 구간보다는 직선 구간이 조금 더 긴 타원 모양으로 설계되는 거야.

찾아보기

ㄱ	
가로	15, 23, 72, 75, 80, 81, 120
가분수	39
각도	16, 17, 19, 32
감염재생산수	45
거듭제곱	28, 29, 55
거리	37, 90, 122, 78, 100
거울	36
겉넓이	109
곡선	13, 19, 58, 65, 87, 99, 103, 124
곱셈	28
공간 좌표	90
그래프	25, 51
그리드	120
극한	58

ㄴ	
나눗셈	106, 108
네트워크	46, 123

ㄷ	
단위	14, 15, 19, 22, 23, 29, 56, 66, 71, 77, 100, 102, 104
대분수	39
대칭	36, 70
데이터	29, 30, 38, 51, 73, 76, 96, 106, 107, 112, 113, 123
델타익	53
두께	17, 37, 93, 94, 104

ㄹ	
로마 숫자	35, 69

ㅁ	
마일리지	100
막대그래프	25, 51
무한	49, 54, 58
미리아드	15
뫼비우스 띠	27

ㅂ	
바이러스	44, 45, 68
바코드	57, 96
박자표	21
버그	68
벡터화	62
보퍼트 풍력계	66, 67
부등식	100
부력	85
분수	21, 39
블루투스	38
비율	88, 100, 115, 116, 121
비트	77
빅데이터	51, 62, 112

ㅅ	
사이클로이드 곡선	99

삼각뿔	115
삼각형	19, 31, 53, 59, 83, 87, 88, 103
상형 문자	34, 35
세로	12, 15, 34, 35, 72, 75, 80, 81, 120
소수	52, 104
소수점	54, 55, 104
속도	41, 44, 45, 48, 59, 61, 65, 66, 86, 90, 94, 96, 98, 105, 109, 113, 117, 122, 124
속력	90, 122
수직선	97
순서수	22
숫자	12, 21, 22, 29, 34, 35, 42, 43, 57, 62, 66, 69, 73, 74, 76, 82, 86, 97, 91, 102, 107, 108
시간	13, 15, 20, 23, 26, 41, 42, 45, 49, 61, 63, 86, 90, 104, 109, 117, 120, 122
시계	20, 42, 69, 86, 117
십진법	14, 74, 77

ㅇ	
아라비아 숫자	34, 35, 69, 102

아르키메데스 원리	15, 85, 87
알고리즘	30, 106, 107, 118
약수	86
양력	63
양수	43
양의 정수	47, 97
엇각	83
에너지	100, 110, 111
오각형	19, 24, 31, 64
원 그래프	51
원추 세포	110
유클리드	87, 103
윤년	63
음력	63
음의 정수	47, 97
이름수	23
이진법	77
인공지능	18, 62, 113

ㅈ	
자연수	12, 39

ㅊ	
체감 온도	56
최단 강하선	99

측정수	23

ㅋ	
QR코드	96
컴퓨터 언어 모델	62
코드	57, 77, 96, 101, 107

ㅌ	
타원	53, 109, 124
타원익	53
테셀레이션	31
테이퍼익	53
통계학	51
통분	21

ㅍ	
파장	110
패킷	123
퍼지 이론	26
표면적	109
표지판	59
프랙탈	40
프리즘	16, 17
플랑크 시간	104
픽셀	80, 81

ㅎ	
해상도	80
해시 함수	73
해안선 역설	40
확률	30, 54, 62, 84, 105, 107
황금비	115
후퇴익	53